Kinder als Opfer des Nationalsozialismus

Herausgegeben von Rolf Beckmann, Albrecht Klare und Rainer Koch

Materialienband zu »Rosa Weiß«
v. Roberto Innocenti

ALIBABA VERLAG GmbH Petersstraße 4, 6000 Frankfurt 1

Inhaltsverzeichnis

1   ... es gibt gute und auch schlechte Pilze ...
    (Erziehung zum Rassimus)   Seite 3

2   Zur Behandlung freigegeben
    (Euthanasie)   Seite 12

3   Viel Freude an der kleinen Christel
    (Organisierter Kinderraub)   Seite 16

4   ... als führerloses Arbeitsvolk
    zur Verfügung stehen
    (Verschleppung und Zwangsarbeit)   Seite 18

5   ... auch gegen Frauen und Kinder
    jedes Mittel anzuwenden ...
    (Vergeltungsaktionen gegen die Zivilbevölkerung)   Seite 21

6   Jetzt ist unsere Reihe gekommen ...
    (Das Leben vor der Deportation)   Seite 23

7   Jetzt sind die Rauchwolken weiß ...
    (Kinder in Konzentrationslagern)   Seite 26

1
... es gibt gute und auch schlechte Pilze ...
(Erziehung zum Rassismus)

Adolf Hitler am 5. November 1933:
»Dein Kind gehört uns bereits heute! ...Du vergehst, aber deine Nachkommen stehen schon im neuen Lager. Sie werden in kurzer Zeit überhaupt gar nichts anderes mehr kennen als diese neue Gemeinschaft.«

Von Anfang an hatten die NS-Führer die Bedeutung einer faschistischen Erziehung erkannt und versuchten, Kinder und Jugendliche auf vielfältige Weise an den NS-Staat und seine Ideologie zu binden.

Naturgemäß waren die Einflußmöglichkeiten in den Bereichen Familie, Schule und Jugendorganisation sehr unterschiedlich. Am ehesten abgeschirmt war die Familie, doch sollte auch ihr im Sinne der NS-Ideologie eine neue Rolle zugewiesen werden. Dabei spielten rassistische Gesichtspunkte eine entscheidende Rolle. Reichsminister Dr. Frank schreibt im Kommentar zur Rassengesetzgebung:

»Der Nationalsozialismus geht von der Erkenntnis aus, daß die Lebenskraft einer Nation abhängig ist von der Reinheit des Blutes ihres Volkes ... Die Familie ist der heilige Hort deutscher Kraft, der Urquell allen Lebens. Sie rein und gesund zu erhalten ... ist höchste Verpflichtung und größte Sorge des nationalsozialistischen Staates. Das Deutsche Reich unter der Führung Adolf Hitlers braucht ... gesunde und starke Männer und Frauen deutscher Art. Nur dann ist Deutschlands Größe und Zukunft gesichert. Die nationalsozialistische Rassenlehre und Rassengesetzgebung ist die Anwendung des uralten und ewig wahren ungeschriebenen Gesetzes der Natur, daß der Stärkere siegt und seine Art ewig lebt, daß aber der Schwächling untergehen ... muß.«

»Wann beginnt sich die Nazipartei für ein Kind zu interessieren?« fragte der Rektor der amerikanischen Schule einen hohen Funktionär der Hitlerjugend. »Bevor es empfangen ist«, war die schnelle Antwort.

Am 15.9.35 wurden die Nürnberger Gesetze verabschiedet:

§ 1 (1) Eheschließungen zwischen Juden und Staatsangehörigen deutschen oder artverwandten Blutes sind verboten. Trotzdem geschlossene Ehen sind nichtig, auch wenn sie zur Umgehung dieses Gesetzes im Ausland geschlossen sind.
§ 2 Außerehelicher Verkehr zwischen Juden und Staatsangehörigen deutschen oder artverwandten Blutes ist verboten.
§ 5 (1) Wer dem Verbot des § 1 zuwiderhandelt, wird mit Gefängnis oder Zuchthaus bestraft.
(Gesetz zum Schutze des deutschen Blutes und der deutschen Ehre vom 15. September 1935)

Die propagandistische Wirkung von Film und Text wurde so weit wie möglich ausgenutzt. Im Mittelpunkt dieses ideologischen Krieges stand von Anfang an das Zerrbild des Juden:

»Der Giftpilz«
Vom Stürmerverlag 1938 herausgegebene antisemitische Erzählungen für Kinder

Der kleine Franz ist mit seiner Mutter zum Pilzesuchen in den Wald gegangen. Franz, der sonst ein stiller Junge ist, ist heute wie umgewandelt. Lachend hüpft er über Büsche und Gräben und jauchzt in tollem Übermut.

Beglückt schaut ihm die Mutter zu und freut sich über den Frohsinn des Kindes. Dann aber tadelt sie:

«Ja, was ist denn, Franz? Ich hab' meinen Korb schon ganz voll. Und du hast noch nicht einen einzigen Pilz gefunden! Du mußt eben fleißiger suchen und mehr auf den Boden schauen als in die Luft!«

So mahnt die Mutter.
Franz erschrickt.

»Du hast recht, Mutter. Ich hab' das Suchen ganz vergessen, so schön ist's hier im Wald. Aber jetzt werde ich dafür um so fleißiger sein!«

Nach einer halben Stunde kommt er jubelnd zur Mutter zurück.

»Hurra! Nun hab' ich auch so viel Pilze wie du, Mutter!« ruft er. Und ein bißchen leiser fügt er hinzu: »Ich glaub' aber, da sind auch einige — giftige dabei!«

Die Mutter lächelt.

»Das kann ich mir denken. Aber das ist ja nicht schlimm. Wir werden eben die giftigen Pilze heraussuchen und fortwerfen.«

Der Giftpilz

Ein Stürmerbuch für Jung u. Alt
Erzählungen von Ernst Hiemer
Bilder von Fips

Verlag Der Stürmer - Nürnberg

Franz nimmt einen Pilz aus seinem Korbe.

»Du, Mutter, dieser Pilz will mir gar nicht gefallen. Der ist sicher giftig!«

Die Mutter nickt.

»Da hast du recht! Das ist ein Satanspilz. Er ist sehr giftig. Man kennt ihn gleich an seiner Farbe und seinem scheußlichen Geruch.«

Franz wirft den Giftpilz zu Boden und zertritt ihn. Dann nimmt er einen anderen Pilz aus seinem Korb. Er ist groß, hat einen langen, weißgrauen Stiel und einen breiten roten Hut mit vielen weißen Tupfen.

»Du, Mutter, diesem Pilz trau' ich auch nicht. Der hat mir eine viel zu grelle Farbe. Der ist sicher auch giftig!«

»Das will ich glauben«, bestätigte die Mutter, »es ist ein Fliegenpilz. Weg mit ihm!«

Dann bringt Franz gleich zwei Pilze zum Vorschein.

»Aber diese beiden sind nicht giftig. Die kenne ich. Der eine ist ein Steinpilz und der andere ein Champignon. Die kann man essen. Sie schmecken sogar sehr gut.«

Die Mutter betrachtet die Pilze ganz genau.

»Stimmt! Die zwei nehmen wir mit heim.«

Und sie legte die Pilze in ihren Korb.

»Da hab' ich noch einen Champignon!« ruft Franz und nimmt wieder einen Pilz heraus.

Die Mutter erschrickt.

»Um Gottes willen, Franz! Das ist kein Champignon! Das ist ein Knollenblätterpilz. Er ist der schlimmste Giftpilz, den es gibt. Und er ist doppelt gefährlich, weil man ihn sehr leicht verwechseln kann.« (...)

Dann aber nehmen die beiden ihre Körbe wieder zur Hand und machen sich langsam auf den Heimweg.

Unterwegs sagt die Mutter: »Schau Franz, genauso wie es bei den Pilzen im Walde ist, so ist es bei den Menschen auf der Erde. Es gibt gute Pilze, und es gibt gute Menschen. Es gibt giftige, also schlechte Pilze, und es gibt schlechte Menschen. Und vor diesen schlechten Menschen muß man sich ebenso in acht nehmen wie vor Giftpilzen. Verstehst du das?«

»Ja, Mutter, das verstehe ich«, sagt der Franz, »wenn man sich mit schlechten Menschen einläßt, so kann das ein Unglück geben, wie wenn man einen Giftpilz ißt. Man kann daran zugrunde gehen!«

»Und weißt du auch, wer nun diese schlechten Menschen, diese Giftpilze der Menschheit sind?« fragt die Mutter weiter.

Franz wirft sich stolz in die Brust.

»Jawohl, Mutter! Das weiß ich. Es sind die — Juden. Unser Lehrer hat das schon oft in der Schule gesagt.«

Lachend klopft die Mutter ihrem Franz auf die Schulter. (...)

»Ja, mein Kind! Wie ein einziger Giftpilz eine ganze Familie töten kann, so kann ein einziger Jude ein ganzes Dorf, eine ganze Stadt, ja sogar ein ganzes Volk vernichten.«

Franz hat die Mutter verstanden.

»Du, Mutter, wissen das alle Nichtjuden, daß der Jude so gefährlich ist wie der Giftpilz?«

Die Mutter schüttelt den Kopf.

»Leider nicht, mein Kind. Es gibt viele Millionen von Nichtjuden, die den Juden noch nicht kennengelernt haben. Und darum müssen wir die Menschen aufklären und müssen sie warnen vor dem Juden. Warnen vor dem Juden müssen wir aber auch schon unsere Jugend. Schon unsere Buben und Mädels müssen den Juden kennenlernen. Sie müssen erfahren, daß der Jude der gefährlichste Giftpilz ist, den es überhaupt gibt. Wie die Giftpilze überall aus dem Boden schießen, so ist der Jude in allen Ländern der Welt zu finden. Wie die Giftpilze oft das schrecklichste Unglück mit sich bringen, so ist der Jude die Ursache von Elend und Not, Siechtum und Tod.«[1]

JUDEN RAUS!
D.R.G.M. 1446399
Das zeitgemäße und überaus lustige Gesellschaftsspiel
für Erwachsene und Kinder

esem außerordentlich heiteren und zeitgemäßen Gesellschaftsspiel können sich 2–6 Personen beteiligen. / Zu dem ▇n 1 Würfel, ▇▇▇▇▇▇ 6 Figuren und 36 Hütchen ▇▇▇▇▇▇ Jeder Spieler erhält eine Figur, die die Nummern 1–6

Mit dem Tag der Machtergreifung wurden auch die Schulen mehr und mehr gleichgeschaltet. Die Lehrer wurden auf die Prinzipien des völkischen Staates verpflichtet, der Hitlergruß wurde verbindlich, jüdische Schüler wurden relegiert, die Schulbücher neu geschrieben.

Eine Schülerin erzählt ...

Eines Tages flüsterte mir eine in der Klasse zu: »Du, wir haben fünf Judenmädel in der Klaß.«

Sie nennt mir ihre Namen. Drei von ihnen habe ich immer wegen ihrer vornehmen Kleidung bewundert. Sie wohnen auf dem Schloßberg, wo nur Leute wohnen, die viel Geld haben. Ihre Väter haben sogar ein Auto. Die beiden andern aber sehen aus wie arme Kinder. Eine hat ein ganz gelbes Gesicht, ist dick und häßlich.

Aber sie sind eigentlich alle fünf nicht anders als andere Kinder. Sie werden es erst, weil eine gesagt hat, sie seien Juden. Schade, eine von ihnen hätte ich ganz gern als Freundin gehabt. Sie wohnt neben Sylvia und spielt oft mit ihr. (...)

Mit Mirjam Landau, deren Kleider nicht so prächtig sind, teile ich ein Stück des Schulwegs. Sie ist immer freundlich, aber sehr schüchtern, und wenn ich ihr etwas erzähle, schweigt sie dazu. (...)

Bald darauf bekommen wir ein Klassenbild. Ich sitze am Kinderzimmertisch und betrachte es lange. Ich frage Gretel, die gerade hereinkommt, ob sie darauf die fünf Judenmädchen erkennen könne. Sie kann es nicht. Da nehme ich eine Nadel und steche in alle fünf ein Loch. Es ist mir nun, als lebten sie unter uns und wären dennoch nicht da.

Ende der zweiten Klasse kommen sie plötzlich nicht mehr. Fräulein Lechler sagt, daß sie jetzt in eine Judenschule gehen müßten. (...)

Bald hören wir, daß die drei Reichen mit ihren Familien ausgewandert sind. (...)

Als die jüdischen Kinder nicht mehr in unserer Klasse waren, brachte uns Fräulein Lechler etwas Neues bei. Wir durften nun vor Unterrichtsbeginn nicht mehr im Chor »guten Morgen, Fräulein Lehrerin« sagen, sondern »Heil Hitler«.

Man durfte auch nicht mehr unter sich »vom Hitler« sprechen, sondern nur noch vom »Führer«. Bei mir zu Hause sprach man ohnehin nie anders von ihm, aber nun wußten es alle, wie sie ihn zu nennen hatten.[2]

Aus dem Konferenzprotokoll der Horst-Wessel-Schule in Kassel

2. Mai 1933. In den Schulen können neben den Bildern des Reichspräsidenten auch Bilder des Reichskanzlers angebracht werden. Besonders würdige Schüler erhalten das Buch »Heer und Flotte«.

12. August 1933. Einführung des deutschen Grußes an unserer Schule. Jüdische Schüler nehmen samstags nicht am Unterricht teil. Pflichtfilm für alle Schüler: »Sport und Soldaten«.

21. September 1933. Pflege der Beziehungen zur Hitlerjugend; ein Vertrauensmann für die HJ an unserer Schule wird benannt. Vererbungslehre und Rassenkunde sind zu fördern. Es wird an den Geburtstag Horst Wessels erinnert.

18. Dezember 1933. Die Familienforschung soll mehr gefördert werden.

1. Februar 1934. Mehr vaterländisches Schrifttum in die Schulbüchereien!

15. März 1934. Die übermäßige Beanspruchung der Schuljugend durch außerschulische Veranstaltungen wird beklagt. Eine Lichtbildreihe zur Rassen- und Erbkunde steht zur Verfügung.

19. Oktober 1934. Die Schülerzahl ist auf 1060 gestiegen; Mittelschulrektor G. tritt in den Ruhestand. Die HJ, Bann 83, bedankt sich bei der Schule für die Unterstützung bei dem Verkauf der Schrift »Wille und Macht«. Die Turnhalle steht der SA Montag und Freitag abends zur Verfügung. Nichtarische Schüler nehmen nicht an besonderen Schulveranstaltungen teil. Herr B. gibt Anweisungen für den nächsten Fliegeralarm am 25. Oktober 1934!

20. November 1934: Konferenz in der Waldschule. Erläuternde Worte des Herrn H. weisen auf Sinn und Zweck der

Waldschule hin. Allgemein vorliegende Grundlagen wie freiwillige Unterordnung, Selbstbeherrschung, Ordnung, Mut und Selbstvertrauen, Opferfreudigkeit, Kameradschaft und Vaterlandsliebe sollen in die Schüler hineingelegt werden. Gelände- und Orientierungsgefühl, Information, ruhige Nerven, blitzschnelles Erkennen einer Lage, schnelles wortloses Handeln sind wichtiger als Geländebeschreibungen. Es folgen Wehrdisziplinübungen, Geländeausnutzung, Hörübungen. Tagesplan in der Waldschule: 6.00 Uhr Wecken, Körperschule, Waldlauf, Bettenbauen, Schuhputz, Stubendienst; 8.00 Uhr Frühstück, dann Gartenarbeit; ab 10.45 Geländedienst; 13.00 Uhr Mittagessen und Freizeit; 14.30 Uhr Appell, dann Unterricht; 15.30 Uhr Schießen; 16.30 Uhr Kaffee; Freizeit bis 19.00 Uhr, Abendessen, dann Putz- und Flickstunde; 21.30 Uhr Zapfenstreich.

Das Waldschulleben ist Gemeinschaftsarbeit, losgelöst von Schule und Elternhaus. Der Dienstplan ist dem Schüler oberstes Gesetz. Mit ruhiger Hand und festem Willen erprobt er die Schießkunst; stolz errechnet der Hingegebene seine Leistungen im Handgranaten-Weit-und -Zielwurf. Der Geländedienst stellt an Körper und Geist die höchsten Anforderungen. Mit ganzer Seele ist er dabei. Die Lesestoffe des Großen Krieges werden in die Tat umgesetzt. Auch ein Nachtalarm vermag das Interesse für Geländedienst nicht zu ersticken. Hervorragende Schulungsmöglichkeiten für Mannschaft und Unterführer. Äußere und innere Abhärtung aller Jungen, so wie die Zeit sie erfordert, wird erreicht.

11. März 1935. Beurlaubung von Schülern zu HJ-Lehrgängen läßt sich während der Schulzeit nicht ganz vermeiden. Allgemein kann gesagt werden, daß an der Horst-Wessel-Schule schwere Arbeit geleistet wird. Die Räume sind klein, wenig luftig und vollgepfercht.

7. Mai 1935. Dienstbücher der HJ ermöglichen die Kontrolle der Dienstübernahme am Staatsjugendtag durch die Schulen. Dienstversäumnisse sind fortan als Schulversäumnisse zu ahnden. In den kommenden Wochen werden Führer des Jungvolks in den Klassen für den Eintritt in das Jungvolk werben. Bekanntgabe der jüdischen Schüler, die am Staatsjugendtag vom Unterricht befreit sind.

4. September 1935. Ein Lehrplan für Vererbung und Rassenlehre wird zusammengestellt. Vortragsreihe des rassenpolitischen Amtes.

25. November 1936. Die Wehrmacht wünscht eine besonders gute Ausbildung auf den Gebieten, die für die Jugend bei ihrer späteren Ausbildung im Heere besonders nötig sind, und die Arbeit der Wehrmacht hierdurch stark entlasten kann. Der Stoff ist schon zusammengestellt und unverzüglich in die Lehrpläne einzuarbeiten.

1. September 1937. Durch eine würdige Schulfeier soll der Gedanke an die Auslandsdeutschen besonders gepflegt werden. Auf die Bedeutung des Ahnenpasses für alle Schüler soll hingewiesen werden (eventuelle gemeinsame Aufstellung im Rahmen des Fachunterrichts). Auflösung aller Beamtenvereine wird verfügt.

26. Januar 1938. Es wird an die Pflicht des Beamten, der eine Ehe eingehen will, erinnert, die Deutschblütigkeit des künftigen Ehegatten nachzuweisen.

6. September 1938. Ministerialerlaß: In Fachschaftssitzungen sollen Abänderungen des Lehrplans festgelegt und vermerkt werden, die der Zielsetzung des Dritten Reiches entsprechen.

25. Januar 1939. Ein Vorgesetzter spricht vor dem Kollegium über das deutsche Beamtengesetz. Jede völkische Ordnung bedarf zur Sicherung eines Machtapparates. Die staatsrechtlichen Grundlagen des Dritten Reichs: Wir haben keine Tyrannei, keine Diktatur, sondern den Führerstaat. Adolf Hitler ist Führer des Volkes, des Staates und der Partei. Er ist auch höchster Gesetzgeber. Doch lassen sich schon jetzt als Grundlage folgende Punkte klar herausstellen: 1. Die Souveränität des Volkes, 2. Der Totalitätsanspruch des Staates. 3. Der Führergedanke. 4. Die Einheit von Partei und Staat. 5. Das Reich als Einheitsstaat. 6. Die völkische Grundordnung (Reinhaltung des deutschen Blutes).

14. Dezember 1939. Der vorhandene Lehr- und Stoffverteilungsplan ist der wehrgeistigen Erziehung anzupassen. Wehrgeistige Erziehung soll nicht als leere Forderung auf dem Papier stehen, sondern soll für jeden einzelnen Haltungsgrundsatz werden.

Der deutsche Gruß.

Otto grüßt: Heil Hitler!

Josef grüßt: Heil Hitler!

Kurt grüßt: Heil Hitler!

Anna grüßt: Heil Hitler!

3. Mai 1940. Ministerialerlaß: Die Lehrer müssen berichten, wie sie die Luftfahrt im Unterricht fördern: Modellbau von Kriegsflugzeugen im Werken, Fliegerei in der Mathematikstunde, Förderung des Fliegergedankens im Physik- und Chemieunterricht, in Erdkunde und Biologie, Erweckung der Begeisterung fürs Fliegen im fremdsprachlichen Unterricht und die Pflege dieser Begeisterung im Kunstunterricht.

23. Januar 1942. Die Taten der Ritterkreuzträger sollen auf Wunsch des Führers im Unterricht behandelt werden.

10. November 1942. Ein Erlaß über Mischlinge bestimmt, daß solche ersten Grades grundsätzlich vom Besuch öffentlicher Lehranstalten auszuschließen sind. Lieder, die unbedingt im Unterricht zu behandeln sind: 1. »Siehst Du im Osten das Morgenrot«. 2. »Auf, hebt unsere Fahnen«. 3. »Nur der Freiheit gehört unser Leben«. 4. »Vorwärts nach Osten«.

14. Dezember 1942. In einem vertraulichen Schreiben macht der Schulrat allen Lehrern zur Pflicht, die Schüler in der ersten Woche eines Monats zu ermahnen, Kriegsgefangenen keine Gefälligkeit zu erweisen. Gegenteilige Beobachtungen, besonders politischer Natur, sind sofort zu melden.

5. März 1943. Es wird von allen restloser Einsatz im Sinne einer totalen Kriegsführung gefordert.

9. August 1944. Es wird von allen restloser Einsatz im Sinne einer totalen Kriegsführung gefordert.[3]

Aus Schulbüchern:

Deutsch

Soldaten kommen!

Bum — bum — bum!
 Oli, Soldaten kommen, Soldaten!
 Alle laufen zum Fenster. Hier ist Oli am Fenster, da ist Wanda mit Mama und Papa am Fenster.
 Viele Kinder laufen mit. Viele blanke Trompeten kommen. Schau, eine große Trommel ist auch dabei. Ei, das ist eine feine Musik!

 Vorn kommt ein Offizier zu Pferde, sein Säbel glänzt. Dann marschieren viele, viele Soldaten, drei und drei und wieder drei. Links — rechts — links — rechts, klipp — klapp — klipp — klapp machen alle Stiefel.
 O, eine Fahne kommt auch. Alle Menschen grüßen. Viele Kinder marschieren mit.
 Bum — bum — bum!

Ein Schulaufsatz

Wie wir, so werden sich auch die Stürmerleser über das freuen, was die kleine Erna in Gelsenkirchen in ihrem Schulaufsatz zu sagen weiß. Der Stürmer hat Erna eine kleine Freude gemacht.

Lieber Stürmer!
Gauleiter Streicher hat uns so viel von den Juden erzählt, daß wir sie ganz gehörig hassen. Wir haben in der Schule einen Aufsatz geschrieben unter dem Titel: »Die Juden sind unser Unglück«. Ich möchte bitten, meinen Aufsatz in Abdruck zu bringen.
Die Juden sind unser Unglück.
Leider sagen heute noch viele: »Die Juden sind auch Geschöpfe Gottes. Darum müßt Ihr sie auch achten.« Wir aber sagen: »Ungeziefer sind auch Tiere, und trotzdem vernichten wir es.« Der Jude ist ein Mischling. Er hat Erbanlagen von Ariern, Asiaten, Negern und Mongolen. Bei einem Mischling herrscht das Böse vor. Das einzige Gute, das er hat, ist die weiße Farbe.
Ein Sprichwort der Bewohner der Südseeinseln lautet: »Der Weiße ist von Gott, und der Schwarze ist von Gott. Der Mischling aber ist vom Teufel.« Jesus sagte einmal zu ihnen: »Ihr habt zum Vater nicht Gott, sondern den Teufel.« Die Juden haben ein böses Gesetzbuch. Das ist der Talmud. Auch sehen die Juden in uns das Tier und behandeln uns danach. Geld und Gut nehmen sie uns mit aller List weg. Auch schon am Hofe Karls des Franken regierten Juden. Deshalb wurde das römische Recht eingeführt. Dieses paßte aber nicht für den deutschen Bauern: es war aber auch kein Gesetz für den römischen Ackerbürger, sondern es war ein jüdisches Händlergesetz. Sicherlich sind die Juden auch Schuld an dem Mord Karls des Franken.
Heil Hitler!
Erna Listing, Gelsenkirchen, Oswaldstr. 8
»Der Stürmer«, Januar 1935

Biologie

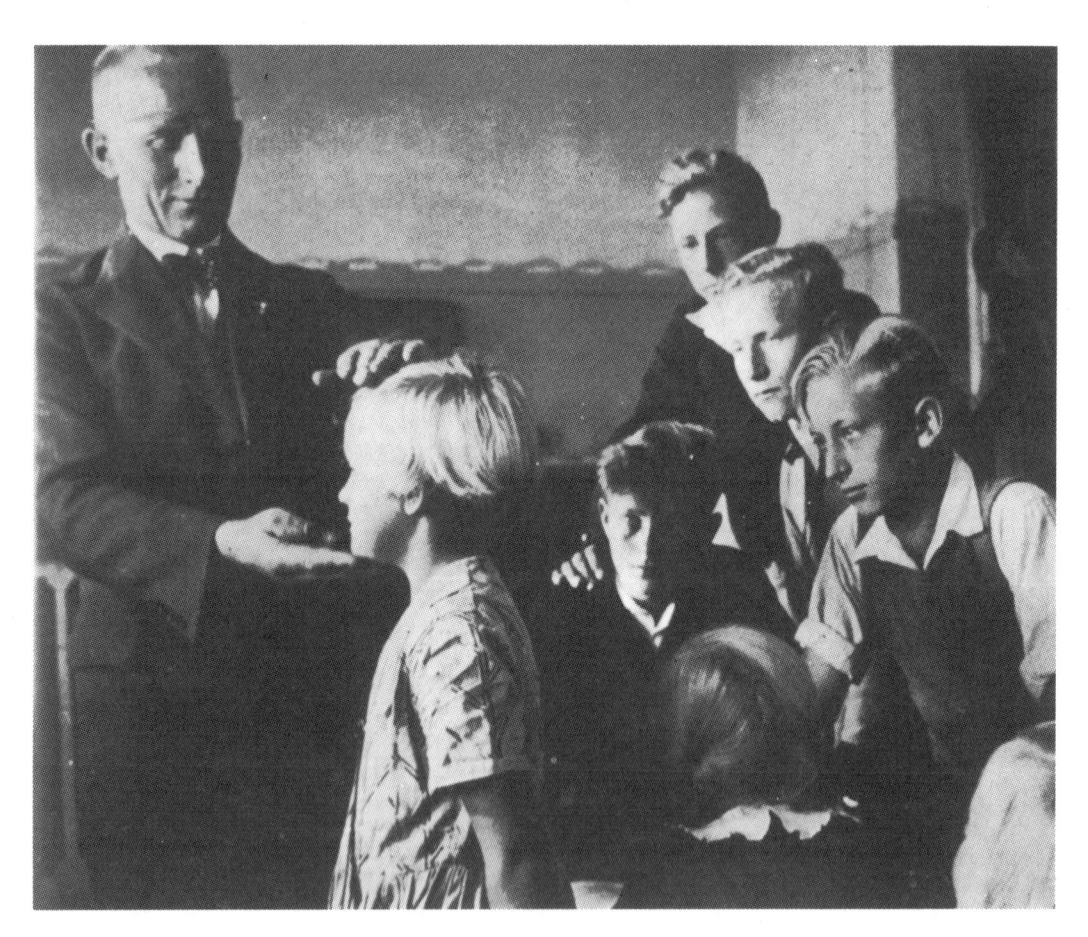

In der Schule hielt man die Kinder dazu an, einander vom rassischen Standpunkt aus zu beurteilen. Die Lehrer präsentierten die besten »nordischen« Typen als Beispiel.

Aus dem Biologiebuch »Schmeil: Der Mensch«, 1936

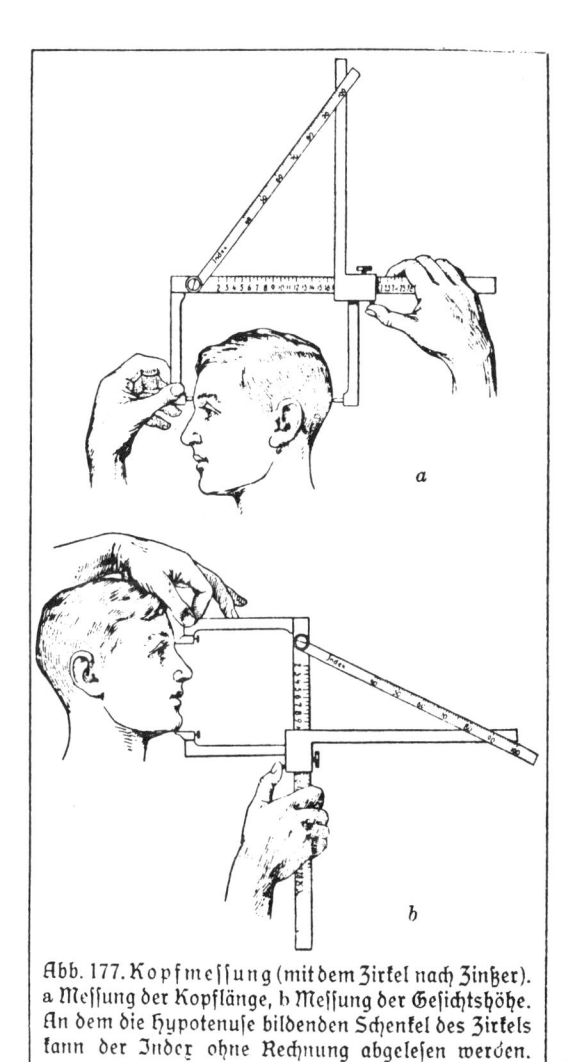

Rassenmerkmale. Zur Unterscheidung der Rassen benutzt man körperliche Besonderheiten, die sich leicht feststellen oder messen lassen. Das auffälligste Rassenmerkmal ist die Hautfarbe (s. S. 75 und Beobachtungsbogen S. 176), die alle Abstufungen vom rosigen Weiß bis zum tiefsten Schwarzbraun umfaßt. Farbtafeln oder entsprechend gefärbte Gläser dienen dem Forscher zur möglichst sicheren Ermittelung der Hautfarbe. Bedeutsam sind weiter die Form des Haares (z.B. schlicht, wellig, lockig, kraus), seine Farbe und Dicke, ferner die Art, wie das einzelne Haar in der Haut eingesenkt ist (s. S. 76 und Beobachtungsbogen S. 76) sowie die Stärke der Behaarung. Zur Bestimmung der Haarfarbe dienen meist verschiedenartige Strähnen aus Seide oder Kunstseide. (...)

Abb. 177. Kopfmessung (mit dem Zirkel nach Zinßer). a Messung der Kopflänge, b Messung der Gesichtshöhe. An dem die Hypotenuse bildenden Schenkel des Zirkels kann der Index ohne Rechnung abgelesen werden.

Ein weiteres viel benutztes Rassenmerkmal ist die Form des Schädels (bzw. des Kopfes). Der Schädel- (bzw. Kopf-)umriß erscheint, von oben gesehen, mehr länglich oder mehr rundlich. Um vergleichbare Werte zu erhalten, mißt man mit Zirkeln besonderer Bauart (s. Abb. 177) oder im einfachsten Fall mit einer Schublehre die größte Läge und die größte Breite des Schädels (bzw. Kopfes) und drückt diese in Hundertteilen der größten Länge aus. Den Wert

$$\frac{\text{größte Breite} \times 100}{\text{größte Länge}}$$

nennt man den Längen-Breiten-Index (vgl. Beobachtungsbogen S. 174). Beträgt z.B. die größte Länge eines Kopfes 20 cm und seine größte Breite 18 cm, dann ist sein Index (18 × 100) : 20 = 90. Nach der Größe des Index (am Lebenden) unterscheidet man: Langköpfe x—75,9; Mittellangköpfe 76,0—80,9; Kurzköpfe 81,0—x.

Fachunterricht Mathematik

Der Satz des Pythagoras und anschließende Sätze. Bei einer Felddienstübung beobachtet ein Spähtrupp, der am Nordrande einer Kiesgrube bei K (x_1 = 33,9, y_1 = 74,8) steht, am Südausgang von A-Dorf (x_2 = 33,2, y_2 = 77,6) und an der Südoststrecke W des Waldes (x_3 = 35,9, y_2 = 76,5) feindliche Vorposten. Wie weit stehen diese voneinander und vom Spähtrupp entfernt?

(Gerh. Kölling, Eug. Löffler: Mathematisches Unterrichtswerk für höhere Lehranstalten, Band 2, Klasse 3—5, Leipzig 1942, Seite 206)

Aufgabe 97: a) Nach vorsichtigen Schätzungen sind in Deutschland 300 000 Geisteskranke (...) in Anstaltspflege; b) Was kosten diese jährlich insgesamt bei einem Satz von 4 RM? c) Wieviel Ehestandsdarlehen zu je 1000 RM könnten — unter Verzicht auf spätere Rückzahlung — von diesem Geld jährlich ausgegeben werden?
(Handbuch für Lehrer)[4]

Der Weg des „gleichgeschalteten" Staatsbürgers

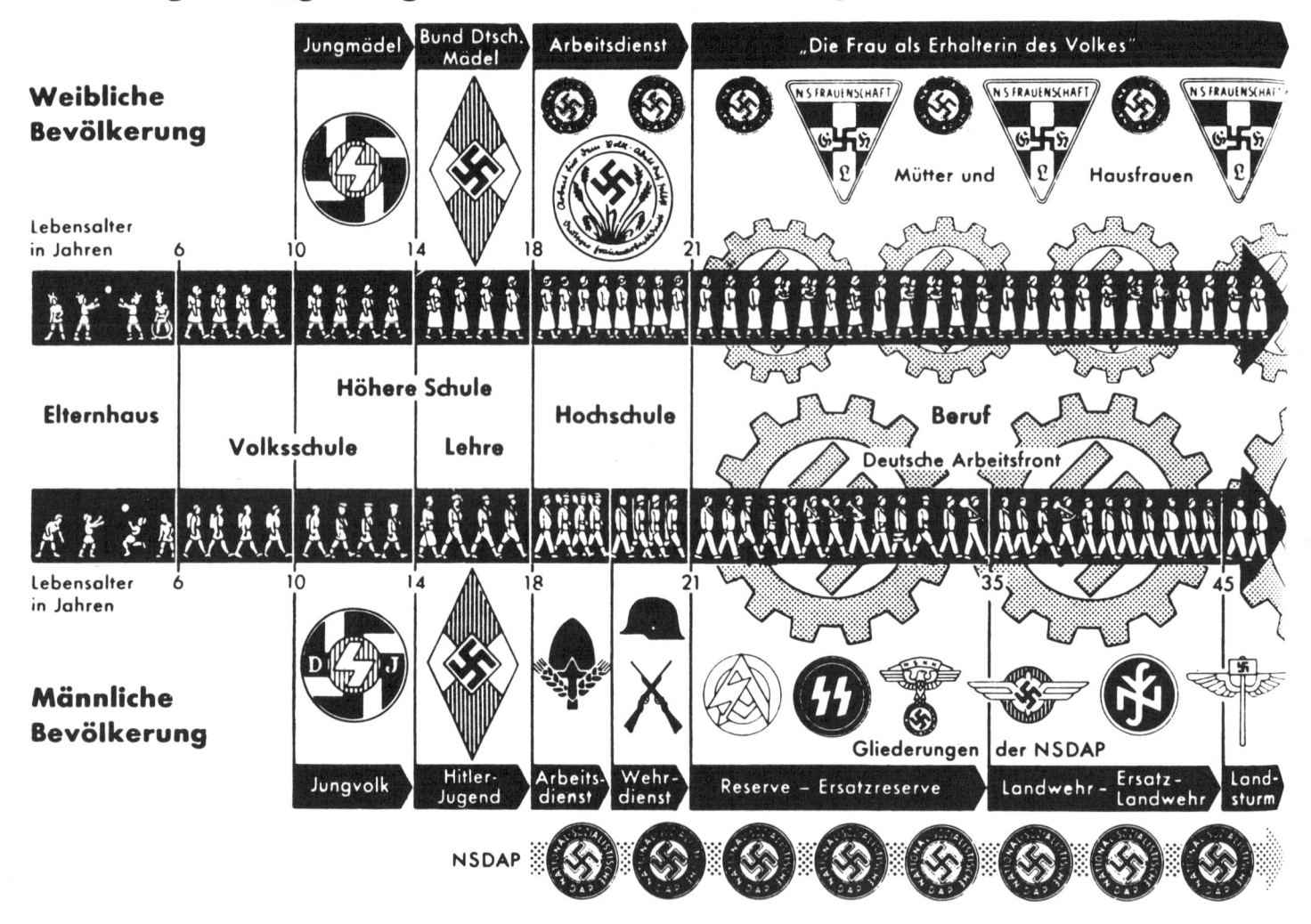

Weibliche Bevölkerung: Jungmädel | Bund Dtsch. Mädel | Arbeitsdienst | „Die Frau als Erhalterin des Volkes" — Mütter und Hausfrauen

Lebensalter in Jahren: 6 — 10 — 14 — 18 — 21

Elternhaus | Volksschule | Höhere Schule / Lehre | Hochschule | Beruf — Deutsche Arbeitsfront

Lebensalter in Jahren: 6 — 10 — 14 — 18 — 21 — 35 — 45

Männliche Bevölkerung: Jungvolk | Hitler-Jugend | Arbeitsdienst | Wehrdienst | Reserve – Ersatzreserve | Landwehr – Ersatz-Landwehr | Landsturm

Gliederungen der NSDAP

NSDAP

Im Unterschied zum Elternhaus und zur Schule ist in den nationalsozialistischen Jugendorganisationen die totale Beeinflussung der Kinder und Jugendlichen möglich. Die Faszination, die für viele von den Soldatenspielen, Fackelzügen, Lagerfeuern und Flaggenparaden ausging, kam diesem Ziel sehr entgegen. Am 1.12. 36 wird die HJ zur Jugendorganisation des Deutschen Reiches, d.h. die Mitgliedschaft ist Pflicht. Ein Erfahrungsbericht:

Ich wollte Hitlerjunge werden ...

Ich wollte Hitlerjunge werden — das war mein sehnlichster Wunsch, soweit ich zurückdenken kann.

Wir waren Hitlerjungen, Kindersoldaten, längst ehe wir mit zehn Jahren für wert befunden wurden, das Braunhemd (der HJ-Uniform) zu tragen. Schon vorher waren wir dauernd »im Einsatz«. Wir sammelten Altpapier und Altmetalle, suchten Heilkräuter, schwangen fürs Winterhilfswerk die Sammelbüchse, bastelten Spielzeug für Babys, führten zur Erheiterung der Soldatenfrauen politische Spielchen auf (»In England wohnt ein alter Mann, der nie die Wahrheit sagen kann«), waren aufs »Dienen« vorbereitet, ehe wir als Pimpfe zwei- oder dreimal die Woche und oft auch noch am Sonntag zum »Dienst« befohlen wurden: »Du bist nichts, dein Volk ist alles!« (...)

In unserem Fähnlein bestanden die Jungvolk-Stunden fast nur aus »Ordnungsdienst«, das heißt aus sturem militärischem Drill. Auch wenn Sport oder Schießen oder Singen auf dem Plan standen, gab es erst immer »Ordnungsdienst«: endloses Exerzieren mit »Stillgestanden«, »Rührt euch«, »Links um«, »Rechts um«, »Ganze Abteilung — kehrt« — Kommandos, die ich noch heute im Schlaf beherrsche. (...) Zwölfjährige Hordenführer brüllten zehnjährige Pimpfe zusammen und jagten sie kreuz und quer über Schulhöfe, Wiesen und Sturzäcker. Die kleinsten Aufsässigkeiten, die harmlosesten Mängel an der Uniform, die geringste Verspätung wurden sogleich mit Strafexerzieren geahndet. (...)

Aber die Schikane hatte Methode: Uns wurde von Kindesbeinen an Härte und blinder Gehorsam eingedrillt. Auf das Kommando »Hinlegen« hatten wir uns mit bloßen Knien in die Schlacken zu werfen; bei Liegestützen wurde uns die Nase in den Sand gedrückt; wer bei Dauerlauf außer Atem geriet, wurde als »Schlappschwanz« der Lächerlichkeit preisgegeben. (...)

Mit dreizehn hatte ich es geschafft: Ich wurde »Jungzugführer« in einem Dörflein, wo es nur zwölf Pimpfe gab. Beim Sport und beim Geländespiel vertrugen wir uns prächtig, und wenn ich zum Dienstschluß mein »dreifaches Sieg Heil auf unseren geliebten Führer Adolf Hitler« ausrief, strahlten die Augen »meiner Kameraden«. Doch der befohlene »Ordnungsdienst« langweilte sie. Eines Tages muckten sie auf. (...) Nach Dienstschluß um sechs Uhr abends knöpfte ich mir (um im Jargon jener Jahre zu reden) die drei ärgsten »Rabauken« vor und »schliff sie nach Strich und Faden«: »Hinlegen — auf«, »An die Mauer — marsch — marsch«, »Tiefflieger von links«, »von rechts«, »von links«, »zehn Liegestützen«, »fünfzehn Liegestützen«, »zwanzig« — so in immer schnelleren Wechseln. Ich brauchte nur zu brüllen, den Daumen auf und ab zu bewegen und die Liegestützen zu zählen, ganz so, wie ich es als Sechsjähriger schon bei Strafübungen des Reichsarbeitsdienstes mitangesehen hatte. Die armen Kerle stöhnten, schwitzten, schnappten nach Luft — aber sie gehorchten. Ihr (Eigen-)Wille war gebrochen.[5]

Die chauvinistische Verherrlichung von Militär und Krieg und der eingedrillte Kadavergehorsam in HJ und Jungvolk führten konsequent zum Einsatz als Flakhelfer und Frontsoldat.

»Deckung! Im Ernstfalle wärst du schon längst tot!«[6]

2
Zur Behandlung freigegeben...
(Euthanasie)

Was in den Mathematikaufgaben manchen noch wie eine harmlose Übung erschien, sollte bald grausame Realität werden:

16.4.1940. Ein Lehrgang des Reichsbeamtenlagers Tölz besucht die Anstalt für Geisteskranke in Egelfing/Bayern. Zuvor hatten die Beamten, Parteiführer, Reichswehr- und SS-Offiziere bereits Vorträge über Rasse und Erbfragen gehört. Der ärztliche Direktor, Obermedizinalrat Pfannmüller, führt sie durch die Kinderstation der Anstalt. Einer der Beamten berichtet später über diesen Besuch:[1]

»In etwa 15—25 Kinderbettchen lagen ebensoviele Kinder von ungefähr 1—5 Jahren. Pfannmüller explizierte in dieser Situation besonders eingehend seine Ansichten. Folgende zusammenfassende Aussprüche dürfte ich mir ziemlich genau gemerkt haben, da sie entweder aus Zynismus oder Tölpelhaftigkeit erstaunlich offen waren.

›Diese Geschöpfe (gemeint waren besagte Kinder) stellen für mich als Nationalsozialisten nur eine Belastung unseres Volkskörpers dar. Wir töten (er kann auch gesagt haben ›Wir machen die Sache‹) nicht durch Gift, Injektionen usw., da würde die Auslandspresse und gewisse Herren in der Schweiz (gemeint war wohl das Rote Kreuz) nur neues Hetzmaterial haben. Nein, unsere Methode ist viel einfacher und natürlicher, wie Sie sehen.‹ Bei diesen Worten zog er unter Beihilfe einer mit der Arbeit in dieser Station scheinbar ständig betrauten Pflegerin ein Kind aus dem Bettchen. Während er das Kind wie einen toten Hasen herumzeigte, konstatierte er mit Kennermiene und zynischem Grinsen so etwas wie: ›Bei diesem z.B. wird es noch 2—3 Tage dauern.‹ Den Anblick des fetten, grinsenden Mannes, in der fleischigen Hand das wimmernde Gerippe, umgeben von den anderen verhungernden Kindern kann ich nimmer vergessen. Weiterhin erklärte der Mörder dann, daß nicht plötzlicher Nahrungsentzug angewandt werden würde, sondern allmähliche Verringerung der Rationen.«

Die Idee der Vernichtung »unwerten Lebens« ist keine Erfindung der Nazis, sondern entwickelte sich mit den imperialistischen Großmachtphantasien des Deutschen Reiches um die Jahrhundertwende. Doch der Nationalsozialismus integrierte diese Vorstellungen konsequent in seine Rassentheorie und verwirklichte sie kompromißlos, als er an die Macht kam:

Am 14.7.33 wurde das Gesetz zur Verhütung erbkranken Nachwuchses erlassen. Es ermöglichte Zwangssterilisation bei »angeborenem Schwachsinn, Schizophrenie, zirkulärem (manisch-depressivem) Irresein, erblicher Fallsucht, erblichem Veitstanz, erblicher Blindheit, erblicher Taubheit, schwerer körperlicher Mißbildung und schwerem Alkoholismus«.

Das Ehegesundheitsgesetz vom 18.10.35 verbot die Ehe mit einer Person, die »an einer geistigen Störung leidet, die die Ehe für die Volksgemeinschaft unerwünscht erscheinen läßt«.

Doch den meisten Psychiatern in den Anstalten gingen diese Gesetze noch nicht weit genug. So wurde es im allgemeinen begrüßt, als Hitler Ende Oktober 1939 den folgenden — auf den 1.9.39, Kriegsbeginn, zurückdatierten — Erlaß unterzeichnete: »Reichsleiter Bouhler und Dr. med. Brandt sind unter Verantwortung beauftragt, die Befugnisse namentlich zu bestimmender Ärzte so zu erweitern, daß nach menschlichem Ermessen unheilbaren Kranken bei kritischster Beurteilung ihres Krankheitszustandes der Gnadentod gewährt werden kann.«[2]

Dieser Befehl war auf Privatpapier Hitlers geschrieben, da er nicht der Öffentlichkeit bekannt werden sollte. Vor allem von seiten der katholischen Kirche und aus dem Ausland befürchtete man Proteste. Zur Durchführung der Aktion wurde ein beratendes Gremium eingerichtet, das hauptsächlich aus Medizin-Professoren bestand. Um Verdachtsmöglichkeiten auszuschalten, nannte man es »Reichsausschuß zur wissenschaftlichen Erfassung von erb- und anlagebedingten schweren Leiden«. Es bereitete den geheimen Runderlaß vom 18.8.39 vor, der allen Kliniken und Ärzten eine Meldepflicht für Neugeborene und Kinder bis drei Jahren auferlegte, die an bestimmten Geisteskrankheiten oder Mißbildungen litten. Diese Meldungen landeten dann auf dem Schreibtisch der Professoren, die als Gutachter mit einem Federstrich das Schicksal des Kindes bestimmten, ohne es je gesehen zu haben:

+ zur »Behandlung freigegeben«
− keine Einweisung

Die mit »+« bewerteten Kinder wurden in Anstalten eingewiesen, deren Ärzte der Tötungsaktion positiv gegenüberstanden.

Die zentralen Tötungsanstalten waren:
— Hadamar bei Limburg
— Bernburg an der Saale
— Irrsee bei Kaufbeuren
— Sonnenstein bei Pirna
— Brandenburg-Görden an der Havel
— Grafeneck in Württemberg
— Hartheim bei Linz a.d. Donau

Um die Zustimmung der Eltern zu der Einweisung zu erhalten, wurde die angebliche therapeutische Qualität der Behandlung besonders herausgestellt. Aus einem Erlaß des Innenministeriums:[3]

»... Sache der Amtsärzte ist es, die Eltern von der sich bietenden Möglichkeit der Heilbehandlung ihres Kindes in der zur Einweisung bestimmten Anstalt zu unterrichten und sie gleichzeitig zu einer beschleunigten Einweisung der Kinder zu veranlassen. Den Eltern wird hierbei zu eröffnen sein, daß durch die Behandlung eine Möglichkeit bestehen kann, auch in Fällen, die bisher als hoffnungslos gelten mußten, gewisse Heilerfolge zu erzielen«.

Viele Eltern wurden so getäuscht. Sie meinten, das beste für ihre Kinder zu tun und gaben sie in den Tod.

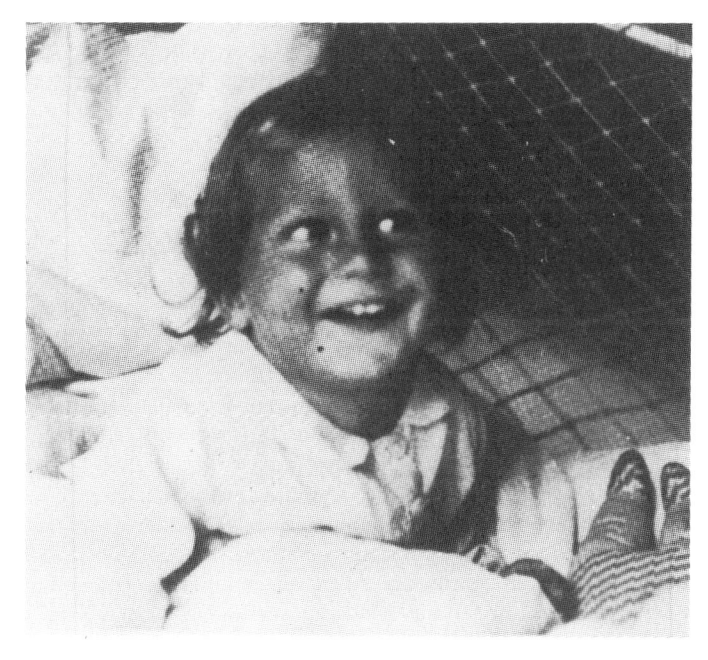

Die verzweifelten Bemühungen und die routinierte Praxis der Anstalten hat F.K. Kaul sehr eindrucksvoll dargestellt:[4]

Um die Opfer möglichst unauffällig zu verteilen und der Tötungskurve den Anschein eines natürlichen Verlaufs zu geben, richtete man in den Tötungsanstalten Terminkalender für die planmäßige Durchführung der »Behandlung« ein. Auf Grund dieses Terminkalenders wurde zu Anfang jeden Monats in einer Besprechung des Leiters der »Fachabteilung« mit den Sonderpflegerinnen der Zeitpunkt des Eingriffs bei jedem einzelnen Opfer festgelegt.

Das Tötungsmittel war, abgesehen von dem in der Anstalt Pfannmüllers organisierten Hungertode, grundsätzlich Luminal in einer Einzeldosis von 0,5 g (nota bene: Maximaldosis für Erwachsene 0,4 g; für Schulkinder 0,1 g; für Kleinkinder 0,05 g) zwei-, dreimal in Abständen von je einer Stunde wiederholt. Mit dieser fraktionierenden Methode — zuerst ein Getränk oder gleich ein Klistier, später bei dem schlafenden Opfer ein sich wiederholender Einlauf — bestand der Vorteil, daß der Tod nicht automatisch eintrat. Man konnte ihn solange hinauszögern, bis bei dem tief und tiefer benommenen Opfer schließlich Lungenentzündung oder Bronchitis als scheinbar natürliche Todesursache diagnostiziert werden konnte.

Ab und an wurden die Kinder aber auch mit einem zusammengesetzten Präparat von Morphium, Dionin und Skopolamin abgespritzt. Auf dem Krankenblatt wurde eine »natürliche« Todesursache eingetragen, die dann auch den Eltern mit einigen tröstenden Worten mitgeteilt wurde.

Überhaupt die Eltern! Der Umgang mit ihnen war — wie Gerhard Schmidt nach 1945 aus den Archiven der von dem bereits erwähnten Pfannmüller (Anstalt Egelfing-Haar, Bayern) feststellte — von der Aufnahme des Kindes über den Anfang der »Behandlung« bis zur vollendeten Mordtat ein diplomatisches Kunststück.

»Unerwünschter Besuche« entledigte man sich nach der Methode, ablenken und handeln. Typisch ist die Erfahrung der Mutter des Hans-Dietrich R., die sich devot nach Besuchserlaubnis erkundigt hatte:

»Ich möchte mir erlauben und anzufragen nach dem Befinden meines Buben Dieter. Ich möchte deshalb bitten, mir einen gütigen Bescheid und hierzu Nachricht zu geben, ob auch ein Besuch gestattet ist« (11. September 1941).

Sie wurde zunächst einmal mit einem zuversichtlichen Bericht über die körperliche Verfassung ihres Buben in Sicherheit gewiegt. Tatsächlich hatte er sich — obschon nicht durch die Behandlung — inzwischen motorisch entwickelt, stand im Bett und ging am Gitter entlang. Besuch wäre, wie es am Schluß des Briefes scheinbar ganz nebenbei und selbstverständlich heißt, »jederzeit« gestattet, freilich — in welchem Krankenhaus gibt es das? — nach Anmeldung:

»... Bei Ihrem Jungen Hans-Dieter handelt es sich bei etwa körperlich altersgemäßer Entwicklung um einen Schwachsinn, der mit einigen typischen körperlichen Merkmalen wie überstreckbare Gelenke und großer Zunge einhergeht. Geistig werden wir das Kind wohl kaum wesentlich bessern können. Dagegen hoffen wir, daß sich das Kind durch unsere Behandlung in körperlicher Hinsicht vervollkommnen wird. Es steht auch schon im Bett und geht am Gitter sich anhaltend herum. Ein Besuch Ihres Kindes kann jederzeit vorgenommen werden; wir bitten lediglich um Angabe des Zeitpunktes Ihres Eintreffens« (16. September 1941).

Sechs Wochen später hatte man Schicksal gespielt, eine Lungenentzündung in Gang gebracht. Danach, als es zu spät war, wurde der Mutter sogar nahegelegt, ihr Kind zu besuchen, das, wie vorausberechnet, bei der Ankunft tot sein würde:

»Leider muß ich Ihnen heute mitteilen, daß Ihr Sohn Hans D., der sich in den letzten Tagen eine Erkältung zugezogen hatte, heute die Erscheinung einer doppelseitigen Lungenentzündung aufweist. Bei dem vor allen Dingen in körperlicher Hinsicht schlechten Zustand muß an einen ungünstigen Ausgang der Erkrankung gedacht werden. Falls es Ihnen möglich sein sollte, möchten wir Sie bitten, doch noch einmal hierher zu kommen« (28. Oktober 1941).

Der 12jährige Sohn der Frau Maria Zey befand sich in einer Fürsorgeanstalt. Dort wurde er zur »Behandlung« ausgesondert und in die »Kinderfachabteilung« der Anstalt Kalmendorf bei Idstein (Taunus) eingewiesen.

Am 24. Januar 1947 sagte die Mutter in dem Verfahren gegen den Leiter dieser »Kinderfachabteilung«, Dr. Hermann Wesse, darüber aus:

»... ich bin mit ihm (dem 12jährigen Sohn) nach Idstein gefahren. Ich bin dort sehr gut mit ihm empfangen worden. Der Arzt sagte: ‚Das ist in acht Tagen geheilt. Sie können uns den Jungen ruhig hierlassen.' Nach ein paar Tagen war der Junge von Idstein weggelaufen; zu Hause sagte er: ‚Ich bin doch kein Idiot. Dort (in Idstein) gehör' ich nicht hin. Ich will nach Weisenau zurück.' Daraufhin bin ich mit ihm nach Weisenau gefahren. Da war ein Dicker, der sagte, kommt gar nicht in Frage. Der Junge muß nach Idstein zurück. Darauf ich: Der Junge ist doch kein Idiot. Hilft nichts, sagte der Dicke, er muß nach Idstein. Darauf bin ich mit ihm wieder nach Idstein. Dort habe ich mich mit dem Büromenschen unterhalten, daß der Junge doch kein Idiot ist. Da haben die gesagt: Idioten haben wir hier auch nicht. So habe ich den Jungen dort gelassen. 14 Tage später bekomme ich die Nachricht, daß er tot ist. In seinem Anzug, den sie mir von Idstein geschickt haben, hab' ich diesen Brief gefunden . . .«

Das Gericht ordnete die Verlesung des letzten Briefes des Kindes an. Er lautete:

»Liebe Mutter. Sie haben mich hier eingesperrt. Liebe Mammi. Ich bleibe hier nicht bei den Leuten. Ich gehe wieder los. Ich bleibe nicht hier. Bitte, komm und hole mich.«

Der Alltag in den Anstalten wird am Beispiel des Kalmenhofs bei Idstein von einem Zeugen wie folgt beschrieben:[5]

»In der Reichsausschußstation des Kalmenhofes in Idstein wurden nicht nur schwachsinnige Kinder und Jugendliche getötet, sondern auch Bettnässer, widerspenstige und fluchtverdächtige Zöglinge. Der Arzt Dr. W. gab 25 Kindern durch Verabreichung von Luminal den Tod. Er brachte es auch fertig, Totenscheine für Kinder auszustellen, die noch nicht gestorben waren, sondern noch einmal »nachgespritzt werden mußten«. Die Schwester M. verabreichte 20 bis 30 tödlich wirkende Spritzen. Frau Dr. W., die vor dem Arzt Dr. W. von 1939 bis 1944 die ärztliche Leitung hatte, füllte im Jahre 1940 mehr als 1000 Meldebogen aus, die einem Teil der erfaßten Personen den Tod in der Gaskammer von Hadamar brachten. Viele Kinder wußten, daß im Krankenhaus der Anstalt getötet wurde, und fürchteten sich vor dem Gang ins Krankenhaus. Manche spielten »Klappsarg«. Während der Tötungsaktion war ein älterer Zögling beauftragt, die Leichen in Strohsäcke oder in Verdunkelungspapier einzuwickeln und auf einem Schubkarren auf den Friedhof zu fahren. Wenn Angehörige bei der Beerdigung anwesend waren, wurde ein Klappsarg verwendet, der in den Abendstunden wieder aus dem Grabe geholt wurde.«

Mehr und mehr wurde bekannt, was in den Anstalten wirklich geschah. Der in der Nähe wohnenden Bevölkerung fielen die zahlreichen Busse mit verdeckten Scheiben auf. Manchmal kam heraus, daß Datum und Todesursache fingiert waren, z.B. passierte es, daß bei einem Patienten, der gar keinen Blinddarm mehr hatte, als Todesursache eine Blinddarmoperation angegeben wurde. In den Zeitungen fielen die Todesanzeigen mit ähnlichen Formulierungen auf. Schließlich protestierten hohe kirchliche Würdenträger wie der Bischof von Limburg:

Limburg/Lahn, den 13. August 1941
Der Bischof von Limburg

An den Herrn Reichsminister der Justiz, Berlin
Bezugnehmend auf die von dem Vorsitzenden der Fuldaer Bischofskonferenz, Herrn Kardinal Dr. Bertram, eingereichte Denkschrift vom 16. Juli (sub IV. Seite 6/7) halte ich mich verpflichtet, betr. Vernichtung sogenannten »lebensunwerten Lebens« das Folgende als konkrete Illustration zu unterbreiten.

Etwa 8 km von Limburg entfernt ist in dem Städtchen Hadamar auf einer Anhöhe unmittelbar über dem Städtchen eine Anstalt, die früher zu verschiedenen Zwecken, zuletzt als Heil- und Pflegeanstalt gedient hat, umgebaut bzw. eingerichtet worden als eine Stätte, in der nach allgemeiner Überzeugung obengenannte Euthanasie seit Monaten — etwa seit Februar 1941 — planmäßig vollzogen wird. Über den Regierungsbezirk Wiesbaden hinaus wird die Tatsache bekannt, weil Sterbeurkunden von einem Standesamt Hadamar-Mönchberg in die betreffenden Heimatgemeinden gesandt werden (Mönchberg

Der rauchende Schornstein des Krematoriums der »Heil- und Pflegeanstalt« in Hadamar (1941)

wird diese Anstalt genannt, weil sie bis zur Säkularisation 1803 ein Franziskanerkloster war.)

Öfter in der Woche kommen Autobusse mit einer größeren Anzahl solcher Opfer in Hadamar an. Schulkinder der Umgegend kennen diese Wagen und reden: »Da kommt wieder die Mordkiste.« Nach der Ankunft solcher Wagen beobachten dann die Hadamarer Bürger den aus dem Schlot aufsteigenden Rauch und sind von dem ständigen Gedanken an die armen Opfer erschüttert, zumal wenn sie je nach der Windrichtung durch die widerlichen Düfte belästigt werden.

Die Wirkung der hier getätigten Grundsätze: Kinder, einander beschimpfend, tun Äußerungen: »Du bist nicht recht gescheit, du kommst nach Hadamar in den Backofen«; solche, die nicht heiraten wollen oder keine Gelegenheit finden: »Heiraten nein! Kinder in die Welt setzen, die dann in den Rex-Apparat kommen!« Bei alten Leuten hört man Worte: »Ja in kein staatliches Krankenhaus! Nach den Schwachsinnigen kommen die Alten als unnütze Esser an die Reihe.«

Alle gottesfürchtigen Menschen empfinden diese Vernichtung hilfloser Wesen als himmelschreiendes Unrecht. Und wenn dabei ausgesprochen wird, Deutschland könne den Krieg nicht gewinnen, wenn es noch einen gerechten Gott gibt, so kommen diese Äußerungen nicht etwa von Mangel an Vaterlandsliebe, sondern aus einer um unser Volk tiefbesorgten Gesinnung. Es ist der Bevölkerung unfaßlich, daß planmäßig Handlungen vollzogen werden, die nach Paragraph 211 StGB mit dem Tode zu bestrafen sind! Die obrigkeitliche Autorität als sittlicher Begriff erleidet durch die Vorgänge eine furchtbare Erschütterung. Die amtlichen Mitteilungen, daß N.N. an einer ansteckenden Krankheit gestorben sei und deshalb die Leiche hätte verbrannt werden müssen, finden keinen Glauben mehr, und es wird durch solche nicht mehr geglaubte amtliche Mitteilungen der ethische Wert des Autoritätsbegriffes noch weiter beeinträchtigt.

Beamte der Geh. Staatspolizei suchen, wie man hört, das Reden über die Hadamarer Vorgänge mit strengen Drohungen zu unterdrücken. Es mag im Interesse der öffentlichen Ruhe gute Absicht sein. Das Wissen und die Überzeugung und Entrüstung der Bevölkerung werden damit nicht geändert; die Überzeugung wird um die bittere Erkenntnis vermehrt, daß das Reden mit Drohungen verboten wird, die Handlungen selbst aber nicht strafrechtlich verfolgt werden.

Facta loquuntur.

Ich bitte Sie ergebenst, Herr Reichsminister, im Sinne der Denkschrift des Episkopats vom 16. Juli d.J. weitere Verletzungen des fünften Gebotes Gottes verhüten zu wollen.

Dr. Hilfrich[6]

Bis in die letzten Tage der Nazi-Herrschaft war der »Reichsausschuß« tätig. Nach oberflächlicher Berechnung wurden in der von ihm durchgeführten Aktion mehr als 5000 Kinder umgebracht.

Die Ermordung von geistig und körperlich Behinderten war die erste planmäßig organisierte und durchgeführte Massentötungsaktion. Sie antizipierte den Völkermord in den KZs.

3
Viel Freude an der kleinen Christel...
(Organisierter Kinderraub)

»Alles gute Blut auf der Welt, alles germanische Blut, was nicht auf deutscher Seite ist, kann einmal unser Verderben sein. Es ist deswegen jeder Germane mit bestem Blut, den wir nach Deutschland holen und zu einem deutschbewußten Germanen machen, ein Kämpfer für uns, und auf der anderen Seite ist einer weniger. Ich habe wirklich die Absicht, germanisches Blut in der ganzen Welt zu holen, zu rauben und zu stehlen, wo ich kann ...«[1]
(Heinrich Himmler, Rede vom 8. November 1943 im Führerheim der SS-Standarte »Deutschland«)

Umsetzungsinstrument dieser Absicht war u.a. der am 12. Dezember 1935 gegründete »Lebensborn e.V.«, der zunächst Kinderkrippen und Entbindungsheime für Frauen, Verlobte und Freundinnen von SS- und Polizeiangehörigen zur Verfügung stellte. Der dem Reichsführer der SS, Himmler, unterstellte »Verein« war Bestandteil des Rasse- und Siedlungsamtes. Als Zuchtstätte einer künftigen reinen arischen Rasse geplant, sollte der »Lebensborn e.V.« für den »rassisch wertvollen Nachwuchs« des faschistischen Staates sorgen.

Mit der Okkupation anderer Länder wurde »Lebensborn« zum Mitorganisator des Menschenraubes. Aus ganz Europa, vor allem aber aus Osteuropa, wurden von Prüfern des Rasse- und Siedlungsamtes als »rassisch wertvolle« erachtete Säuglinge und Kinder in Einrichtungen des »Lebensborn« verschleppt und anschließend oft an deutsche Pflegefamilien vermittelt.

Um die Spuren zu verwischen, wurden falsche Dokumente ausgestellt, Namen und Herkunft geändert, so daß nach Kriegsende die Identität von vielen tausend Kindern und Jugendlichen ungeklärt war und blieb. Man geht davon aus, daß allein in Polen ca. 200 000 Kinder geraubt wurden.

Mittels der Suchdienste von Hilfsorganisationen und Zeitungsanzeigen bemühte man sich, die Herkunft der Kinder aufzuklären.

Von der Hilflosigkeit der Eltern gegenüber dem Rasse- und Siedlungsamt berichtet eine polnische Mutter, deren Tocher zunächst in das Gaukinderheim in Kalisz, Polen, verschleppt wurde.

»Meine Tochter Alicja-Maria Sosińska wurde im Alter von sieben Jahren, d.h. 1941, vom Rasseamt ihrer Betreuerin, bei der sie sich zur Erziehung befand, weggenommen. Ich bemühte mich, das Kind über die Abteilung Sozialfürsorge zurückzubekommen, aber mir wurde geantwortet, daß meine Tochter als ›arisch‹ anerkannt sei und daß man sie mir nach dem Kriege zurückgebe. Man wollte übrigens überhaupt nicht mit mir reden, obwohl ich ihnen sagte, daß es mein leibliches Kind sei. Wo meine Tocher gegenwärtig ist, weiß ich nicht. Ich weiß nur, daß sie 1942 nach Kalisz gebracht wurde. Was dann mit ihr geschehen ist, weiß ich nicht.«[2]

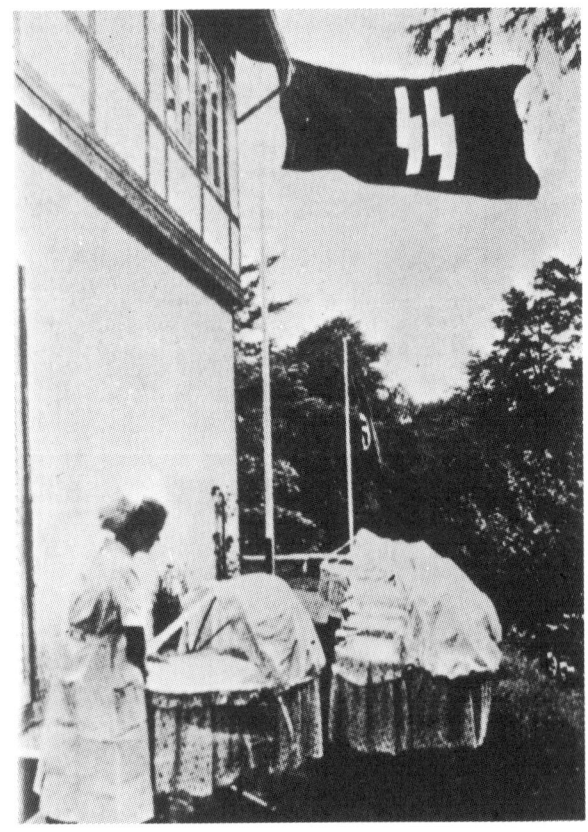

Lebensborn-Heim

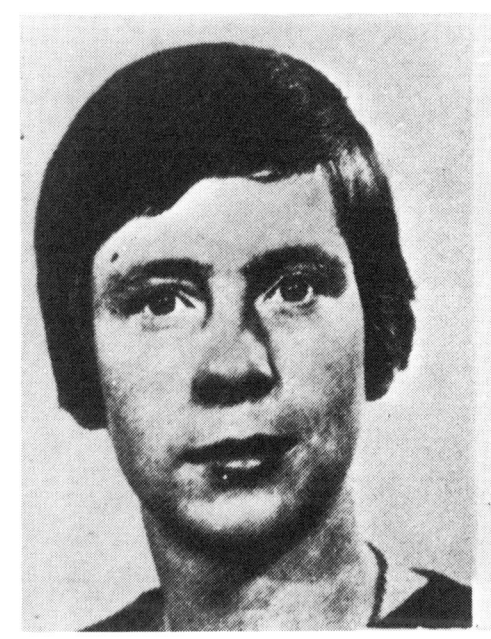

05252. Name: unbekannt, vielleicht Inge Dauwer oder Daumer, geb. etwa 1942, Augen: graublau, Haar: dunkelblond.
Inge Dauwer oder Daumer (?) soll sich bis Mai 1945 im Lebensbornheim Kohren-Salis, Krs. Borna, befunden haben.

Suchanzeige des Deutschen Roten Kreuzes

Über die »Eindeutschungsfähigkeit« der Kinder entschied eine Rasse- und erbbiologische Untersuchung. Vom Ergebnis dieser Untersuchung hing der weitere Weg der Kinder und Jugendlichen ab. Dies wird in folgender Aussage deutlich:

»1940 wurden aus dem Waisenhaus ›Sienkiewiczówka‹ vier Jungen — alle hellblond wie ich — zur Untersuchung ins Gesundheitsamt abgeholt. Wir wurden auch sogleich in das städtische Heim in der Przedzalnicza-Straße gebracht. Man entnahm uns Blutproben, maß alle Körperteile, den Kopf u.dgl., untersuchte die Haare, die Haut usw. Am Ende brachte man mich nach Bruczków. Dort waren schon etwa 70—80 Kinder von drei Jahren an. In Bruczków brachte man uns die deutsche Sprache bei und verbot uns, polnisch zu sprechen. Nach einigen Wochen wurde ein Teil der Kinder nach Luxemburg und ein Teil nach Ludwikowo verschickt. Ich kam nach Łódź. Dort wurde ich wieder ›auf meine Rasse‹ untersucht. Schließlich brachte man mich nach Bruczków zurück, von wo aus ich nach sechs Wochen nach Niedcraltaich, nach Regendorf kam. Dort war ich anderthalb Jahre in der SS-Schule. Außer dem Deutschunterricht mußten wir intensiv trainieren. Wir machten Läufe u.dgl. Wir trugen Steine. Die Übungen dienten der Gewandtheit und der Stärke. Wegen Kirchenbesuchen und Polnischsprechen wurden wir geschlagen, und man entzog uns das Essen. Nach dieser Ausbildung wurden wir nach Salzburg gebracht. Dort im Lager traf ich Mädchen und Jungen, die aus Ludwikowo und Luxemburg gekommen waren. Dort wurde uns gesagt, daß wir jetzt Deutsche seien, und man gab uns neue Namen. Jeder bekam eine Karte mit dem neuen Namen. Dann wurden wir im Lager an die Bauern verteilt. Beim Bauern arbeitete ich bis Kriegsende. Man befahl mir, die Bauersleute mit ›Vater‹ und ›Mutter‹ anzureden, um schneller zu vergessen, daß ich aus einem anderen Land stamme. Ich sollte mich statt Jan Sulisz ›Johann Suhling‹ nennen.«[3]

SS-Schulen und Lebensborn-Heime waren als letzte Stationen auf dem Weg zur endgültigen »Eindeutschung« gedacht. Hier sollte nach festgestellter »Reinrassigkeit« das faschistische Deutschtum anerzogen werden.

Stand die »Eindeutschungsfähigkeit« fest, konnte das Kind einer deutschen Pflegefamilie übergeben werden, die auf das neue Familienmitglied und nicht zuletzt neue Arbeitskraft oft schon ungeduldig wartete.

Dabei achtete der »Lebensborn« darauf, daß die Herkunft und die Abstammung des Kindes möglichst im Dunklen blieb, wie aus einer Antwort der Meldekartei des Lebensborn in München auf die neugierige Anfrage einer deutschen Pflegemutter hervorgeht.

»Über die Abstammung des Kindes kann ich Ihnen heute leider noch nichts an Unterlagen zusenden, es bedarf noch einiger Zeit, bis die Ermittlungen zum Abschluß kommen werden. Ich bitte Sie, noch Geduld zu haben; sobald ich die Unterlagen bekomme, erhalten Sie selbstverständlich Bescheid.
Ich würde Ihnen raten, mit Ihrem Kommen nach München noch zu warten; denn ich könnte Ihnen auch mündlich keinen anderen Bescheid geben.
Ich wünsche Ihnen viel Freude an der kleinen Christel ...«[4]

4
...als führerloses Arbeitsvolk zur Verfügung stehen...
(Verschleppung und Zwangsarbeit)

Zwangsarbeit für polnische Kinder in einem Umsiedlungslager

Kinder und Jugendliche, die nicht als »eindeutschungsfähig« betrachtet wurden, die als »rassisch wertlos« abgestempelt waren, wurden gemäß den Vorstellungen behandelt, die Himmler speziell für die Bevölkerung Osteuropas in einem geheimen Memorandum am 15. August 1940 formulierte.

»(...) Die Bevölkerung des Generalgouvernements setzt sich (...) im Laufe der nächsten zehn Jahre aus einer verbleibenden minderwertigen Bevölkerung, die noch durch abgeschobene Bevölkerung der Ostprovinzen sowie all der Teile des deutschen Reiches, die dieselbe rassische und menschliche Art haben (Teile, z.B. der Sorben und Wenden), zusammen.
Diese Bevölkerung wird als führerloses Arbeitsvolk zur Verfügung stehen und Deutschland jährlich Wanderarbeiter und Arbeiter für besondere Arbeitsvorkommen (Straßen, Steinbrüche, Bauten) stellen; sie wird selbst dabei mehr zu essen und zu leben haben als unter der polnischen Herrschaft und bei eigener Kulturlosigkeit unter der strengen, konsequenten und gerechten Leitung des deutschen Volkes berufen sein, an dessen ewigen Kulturtaten und Bauwerken mitzuarbeiten.«[1]

Gleich ihren Eltern wurden Kinder und Jugendliche zur Arbeit in deutschen Betrieben und in der deutschen Landwirtschaft gezwungen, dort sollten sie den durch den Krieg entstandenen Arbeitskräftemangel ausgleichen. Etwa 380 000 Jungen und etwa 225 000 Mädchen im Alter zwischen 14 und 20 Jahren wurden bis zum 30. Juni 1944 zur Sklavenarbeit verschleppt (Angaben nach Hrabar, R.; Tokarz, Z.; Wilczur, J.; a.a.O., S. 212).

In einem Rundschreiben vom 5.5.1944 bezieht sich der Arbeitsminister auf eine Anweisung des Gewerbeaufsichtsamtes an die Gauarbeitsämter,

»auch Familien mit Kindern unter 14 Jahren einzusetzen und als einsatzfähig in der Landwirtschaft und in der gewerblichen Wirtschaft alle über 10 Jahre alten Personen anzusehen.«[2]

und schreibt dann weiter:

»Ich ersuche daher, die Beschäftigung von Ostarbeiter- und Polenkindern über 10 Jahre in der gewerblichen Wirtschaft zuzulassen, wenn sie mit geeigneten leichteren, ihrer Leistungsfähigkeit entsprechenden Arbeiten beschäftigt werden, gegebenenfalls auch dann, wenn die Arbeitszeit über 4 Stunden täglich ausgedehnt wird.«[3]

Vor der selbst gesetzten Altersgrenze machten die Nazis nicht halt. Es kann davon ausgegangen werden, daß auch achtjährige Kinder bis zur physischen Entkräftung, ihren Tod einkalkulierend, ausgebeutet wurden. Ihre Stellung war die von Arbeitssklaven, wie dies auch in dem Bericht eines sechzehnjährigen Mädchens über den Beginn ihres Arbeitseinsatzes für das Deutsche Reich zum Ausdruck kommt.

»Nach drei Tagen entsetzlicher Fahrt wurden wir — halb erstickt — auf dem Bahnhof von Stargard Szczeciński ausgeladen. Dann wurden wir zum Arbeitsamt getrieben. Dort warteten schon die Käufer auf uns. Jeder dieser Käufer begutachtete uns wie Vieh. Am meisten riß man sich um kräftige junge Mädchen.«[4]

Kinder von Zwangsarbeiterinnen, die als »rassisch wertlos« bezeichnet wurden, steckten die Behörden in »Kinderkrippen« und »Pflegestätten«, die durch mangelnde Betreuung und fehlende hygienische Einrichtungen zu Stätten der Massenvernichtung wurden.

Kinder und Heranwachsende wurden in Kinder- und Halbwüchsigenlagern zusammengepfercht, die sich in ihrer Konsequenz von den Vernichtungslagern nicht unterschieden.

Zur Begründung führten die Nazis auch Bedingungen an, die sie selbst geschaffen hatten:

»In den neuen Deutschen Ostgebieten, insbesondere im Warthegau, hat sich die Verwahrlosung der polnischen Jugend zu einer schweren und ernsten Gefahr für die dort lebenden deutschen Kinder entwickelt.

Die Ursachen dieser Verwahrlosung liegen einmal in dem unvorstellbar primitiven Lebensniveau der Polen ... Dazu hat der Krieg viele Familien entwurzelt, die Erziehungsberechtigten sind nicht imstande, ihrer Pflicht nachzukommen, und die polnischen Schulen sind geschlossen. Daher treiben sich die polnischen Kinder vielfach und ohne jede Aufsicht und beschäftigungslos umher, betteln, handeln, stehlen und werden zu einer moralischen Ansteckungsquelle für die deutsche Jugend.«[5]

Aus einem »Antrag auf Einweisung eines Jugendlichen polnischen Volkstums in das Polen-Jugendverwahrlager Litzmannstadt« vom 11. Mai 1943 über den am 6.8.1932 geborenen Simon Sindera:

»Sindera treibt sich seit längerer Zeit im oberschlesischen Industriegebiet umher, bettelt und läßt keine Gelegenheit ungenutzt, um Diebstähle auszuführen. Verwarnungen und Belehrungen erwiesen sich als zwecklos. Sindera ist sich selbst überlassen, da sein Vater zur Zeit im K.L. Auschwitz untergebracht und seine Mutter verstorben ist. Er droht völlig zu verwahrlosen. Seine Einweisung in das Polen-Jugendverwahrlager Litzmannstadt ist zum Schutz der heranwachsenden deutschen Jugend unerläßlich.«[6]

Appell im Jugendverwahrlager Lódź

In diesen Lagern wurde die Abrichtung zum Arbeitssklaven vorgenommen, hier wurde aber auch über den Weg in die Vernichtungslager entschieden. In einem Schreiben des Reichssicherheitshauptamtes vom 13. Juli 1943 unter der Überschrift »Übersicht über bisherige Anordnungen und Anregungen betr. Bandenkinder« (Bandenkinder = Kinder von Partisanen und Widerstandskämpfern) wird betont:

»Am 6.1.43 hat RF-SS (Himmler) befohlen, daß in den vom Chef des SS W.V.-Hauptamtes (Wirtschafts-Verwaltungshauptamt) vorgeschlagenen Kinder- und Halbwüchsigen-Sammellagern die rassische und politische Musterung der Jugendlichen zu erfolgen hat. Die rassisch-wertlosen Halbwüchsigen männlichen und weiblichen Geschlechts sind den Wirtschaftsbetrieben der Konzentrationslager als Lehrlinge zuzuweisen. Die Kinder müssen großgezogen werden. Ihre Erziehung hat im Unterricht zu Gehorsam, Fleiß, bedingungsloser Unterordnung und zu Ehrlichkeit gegenüber den deutschen Herren zu erfolgen. Sie müssen bis 100 rechnen, die Verkehrszeichen kennenlernen und auf ihre Fachberufe als Landarbeiter, Schlosser, Steinmetzen, Schreiner usw. vorbereitet werden. Die Mädchen sind als Landarbeiterinnen, Spinnerinnen, Strickerinnen und für ähnliche Arbeiten anzulernen.«[7]

Über die Bedingungen in den Lagern, in denen Kinder und Jugendliche zu härtester Arbeit gezwungen wurden, gibt folgender Bericht Auskunft:

»Es war am 2. Februar 1941. Damals fuhr ich von meinem Heimatdorf Porabka bei Sosnowiec nach Kluezborg, einem Dorf, das im gleichen Distrikt, in der Nähe von Katovice, lag. Nach einigen Kilometern hielt plötzlich der Zug, und Gestapo-Beamte sprangen auf. Mit Gewehrkolben trieben und prügelten sie uns hinaus, und wer nicht schnell genug war, wurde von den Hunden gejagt. Wenige Stunden später waren wir im Gefängnis von Lublin eingesperrt.

Am 27. September 1942 kam ich ins Lager Lódź, nachdem ich achtzehn Monate in verschiedenen Gefängnissen zugebracht hatte. Damals war ich zwölf Jahre alt, aber als man mich festnahm, hatte ich mich zwei Jahre jünger gemacht, weil

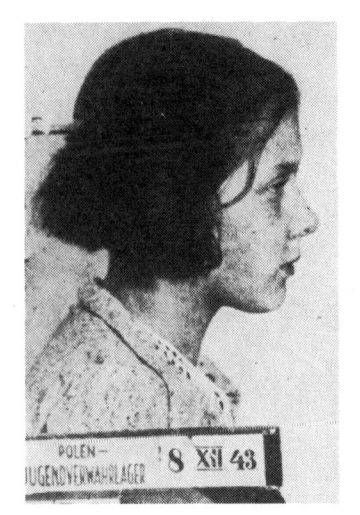

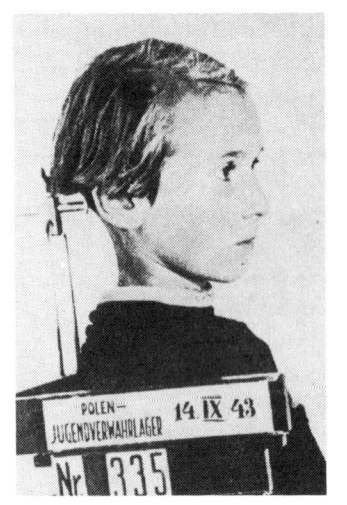

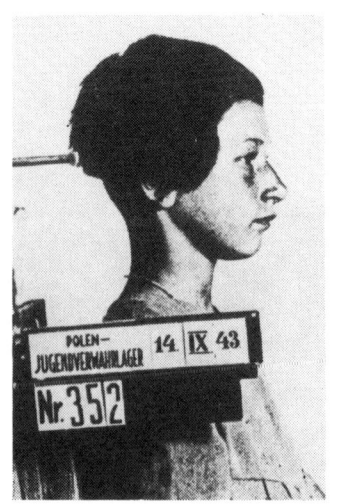

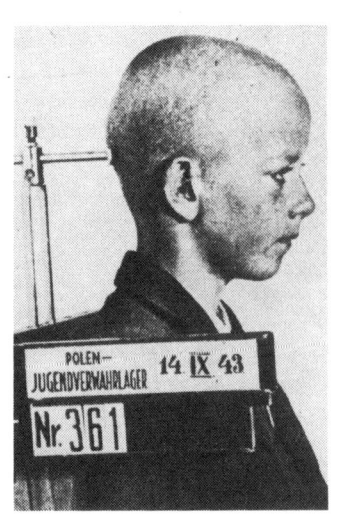

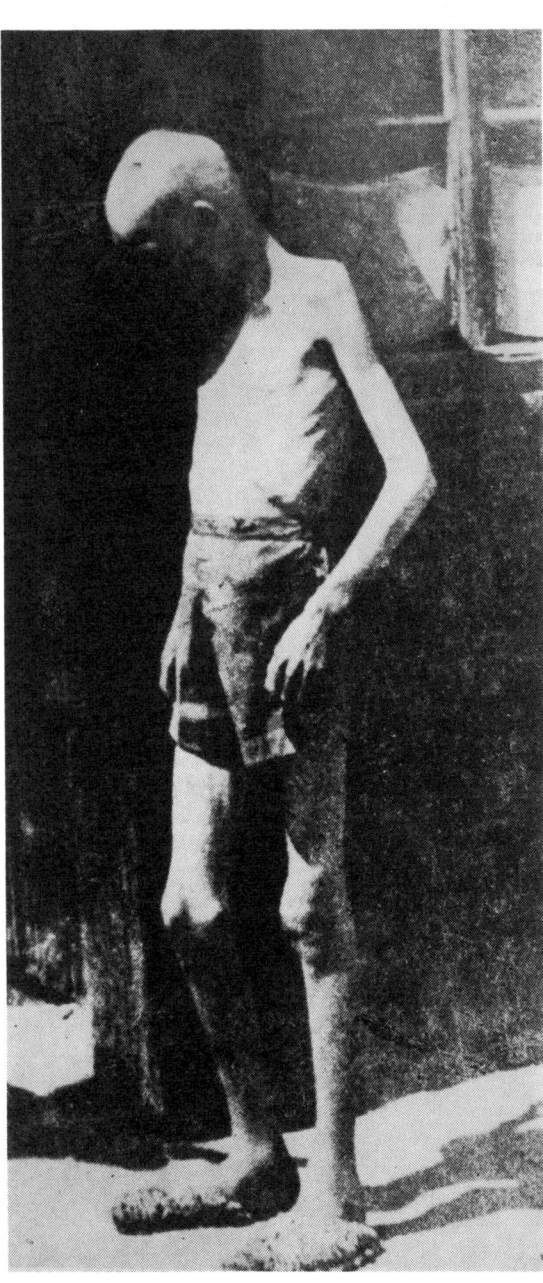

Ein 14jähriger Junge im Jugendverwahrlager Łódź

ich hoffte, dadurch wieder freizukommen. Für die Aufnahme von Gefangenen war das Lager noch nicht vorbereitet; es wurde gerade erst organisiert. Ich erhielt die Nummer 127. Gleich nach unserer Ankunft mußten wir Erdarbeiten machen, das Barackengelände abstecken, Stacheldraht ziehen, elektrische Pfähle in den Boden mauern, Stromleitungen legen und Stellungen für die Maschinengewehre ausheben. Das Lager sollte für drei- bis viertausend Kinder Platz bieten. Nach einem Monat Aufenthalt im Lager mußte ich mich der Rassenkommission stellen. Nach abgeschlossener Untersuchung wurde ich als nicht-germanisierbar begutachtet. Mein Aussehen entsprach ihren Kriterien nicht.

Jeden Tag kamen neue Kindertransporte. Die als »wertvoll« Eingestuften wurden in einem eigenen Barackentrakt untergebracht. Ihnen erging es einigermaßen gut, vor allem im Vergleich zu uns anderen. Sie kamen von überall her. Da waren russische, tschechische, belgische, französische Kinder, ja sogar ein paar Schwarze, viele Deutsche, auch ein paar Juden, vor allem aber eine große Anzahl von Polen. Der halbe Liter Suppe, das einzige, was wir pro Tag zu essen bekamen, enthielt irgendein undefinierbares chemisches Gift, das Magen- und Darmbrennen und Nierenleiden hervorrief. Wir waren richtig aufgequollen vor Unterernährung, und das wirkte sich auf die Nerven aus; dazu kamen ja auch noch Kälte, Schläge und die anstrengende Arbeit. Viele wurden geisteskrank. Kinder, die nachts ins Bett machten, wurden nach Block 8 verlegt. Er hatte keine Fenster. Man gab den Kindern Decken, die so dünn waren wie Spinnweben. Wenn dann nachts die Temperaturen auf minus 20 Grad sanken, erfroren sie. Wir mußten die auf ihren Pritschen festgefrorenen Kinder heraushacken, auf Karren verladen und zum jüdischen Friedhof bringen, der an das Lager grenzte. Dort warfen wir sie in ein Massengrab, übergossen sie mit Kalk und deckten sie mit Erde zu. Manche waren noch nicht ganz tot. Wenn sie ohne Luftzufuhr zu ersticken begannen, dann bewegte sich die Erde über dem Grab wie ein Kornfeld im Wind. Waren die Kinder erstickt, dann hörten diese Bewegungen wieder auf, und die Erde wurde wieder ruhig. Täglich starben von den drei- oder viertausend Inhaftierten durchschnittlich einhundertzwanzig Kinder. Sie kamen durch Kälte, Schläge, Erhängen oder Erschießen um. Wir alle, die überlebt haben, wissen, daß sie die gesamte Skala möglicher Greueltaten durchgemacht haben.«[8]

(Jan Woscyk über das »Polen-Jugendverwahrlager Litzmannstadt«)

5
... auch gegen Frauen und Kinder jedes Mittel anzuwenden ...
(Vergeltungsaktionen gegen die Zivilbevölkerung)

Am 27.5.1942 wurde in Prag von tschechoslowakischen Widerstandskämpfern mit Unterstützung des britischen Geheimdienstes ein Attentat auf den »Reichsprotektor von Böhmen und Mähren«, Heydrich verübt. Heydrich erlag seinen (u.a. durch biologische Gifte hervorgerufenen) Verletzungen am 4.6.1942.

Danach begannen die Deutschen eine Zeit des Terrors. Für eine »Strafaktion« wählte man das Dorf Lidice aus. Am 10.6. wurden 172 Männer des Dorfes erschossen. Frauen und Kinder brachte man nach Kladno, wo man sie 3 Tage in einer Schule einsperrte.

Schulklasse von Lidice, wenige Tage vor der Zerstörung des Ortes

Am dritten Tag erschien die Gestapoführung, deren Chef sofort verlangte, daß die Frauen ihre Kinder als erste im Autobus fahren ließen, damit sie die Fahrt besser überständen, bevor sie selbst ihren langen, mühseligen Weg in ein Arbeitslager anträten. Er verlangte weiterhin die freiwillige Übergabe der Kinder durch ihre Mütter. Natürlich fand sich keine, die sich freiwillig von ihren Kindern trennen wollte. Daraufhin drohte er, alle, die sich weigerten, erschießen zu lassen. Und um zu beweisen, daß er seine Drohung auch wahrmachen würde, feuerte er sogleich mit seinem Revolver ein paar Schüsse in die Luft. Da entstand unter den Frauen und Kindern natürlich Panik. Und diese Verwirrung machten sich die Deutschen zunutze, um sich auf unsere Mütter zu stürzen und uns aus ihren Armen zu reißen.

Glauben Sie mir, diesen Augenblick wird keiner von uns je vergessen, und wenn vierzig oder fünfzig Jahre ins Land gehen sollten. Das ist wie ein schlechter, aber sehr grausamer Film, der einem immer wieder vor den Augen vorbeizieht.

Nach dieser brutalen Trennung wurden wir Kinder in einen Schulraum gebracht, wo man unsere Erkennungsmerkmale sorgfältigst registrierte: Augen- und Haarfarbe, Größe, Gewicht, und zum Schluß heftete man uns noch ein Etikett an den Hals. Am Ende des dritten Tages brachte man uns dann auf Lastwagen an den Prager Bahnhof. Von dort aus ging es per Zug nach Polen, in eine Stadt, die Litzmannstadt hieß. Dort wurden wir in einer stillgelegten Fabrik untergebracht, die als Durchgangslager diente und wo Rassenuntersuchungen durchgeführt wurden. Lagerleiter war SS Hermann Krumey. Ich glaube, wir waren 89 Kinder in Lidice.

Am Tag unserer Ankunft in dieser Fabrik befahlen die Deutschen uns, Platz zu nehmen, und dann gingen sie umher und zeigten mit dem Finger auf uns. Wir wußten natürlich nicht, was das zu bedeuten hatte. Sechs Mädchen, zu denen auch ich gehörte, haben sie ausgesucht. Wie wir später erfuhren, war diese Auswahl im Auftrag der Organisation Lebensborn in München getroffen worden. Später kamen noch mehr Kinder zu unserer Gruppe. Uns hatte man zur Eindeutschung ausgewählt.[1]

Die zum damaligen Zeitpunkt 10 Jahre alte Maria Dolezalowa, von der dieser Bericht stammt, wurde im Juli 1943 von einer deutschen Familie, die keine Kinder hatte, in Posen abgeholt. Ihr war die »Eindeutschungsfähigkeit« attestiert worden. Die Mehrzahl der Kinder, deren Rassenmerkmale offenbar nicht den arischen Maßstäben entsprachen, wurden der »Sonderbehandlung« im Konzentrationslager Chelmno zugeführt. Wie es ihnen dort erging, zeigen einige Briefe, die im Dokumentationsarchiv des deutschen Widerstands in Frankfurt gesammelt sind.

Vera Honschikova, 13 Jahre alt, ermordet in Chelmno, schreibt am 30. Juni 1942:

»Hier ist es immer kalt ... Wir haben Heimweh nach Lidice. Morgens und abends bekommen wir Brot und Margarine, mittags Suppe. Hoffentlich werden wir uns wiedersehen.«

Eva Kaskova, 6 Jahre alt, ermordet in Chelmno:

»Liebe Tante, wir sind hier allein, ohne Mama und Papa. Wir haben nur ein Kleid, und darum fragen wir, ob Ihr uns etwas schicken könnt. Auch alte Schuhe und ein Stück Brot oder gar Kuchen. Wir nehmen alles mit Freude.«[2]

Von den 98 Kindern aus Lidice im Alter von 1–15 Jahren wurden 83 in Konzentrationslagern oder Kinderheimen umgebracht, 15 Kinder wurden »eingedeutscht« und überlebten in deutschen Familien.[3]

Ein Freibrief für weitere Verbrechen an Kindern bildete ein Befehl Keitels (Oberbefehlshaber der Wehrmacht) im Zusammenhang mit der Partisanenbekämpfung vom 16.12.1942:

»Die Truppe ist deshalb berechtigt und verpflichtet, in diesem Kampf ohne Einschränkung auch gegen Frauen und Kinder jedes Mittel anzuwenden, wenn dies nötig ist.«

Im gleichen Befehl an die Truppe wird ausdrücklich darauf hingewiesen, daß kein Soldat wegen der Durchführung dieses Befehls zur disziplinarischen oder gar juristischen Verantwortung herangezogen werden könne.

Diesem Befehl gehorchend wurde am 28. Februar 1944 das polnische Dorf Wanaty von deutschen Truppen niedergebrannt und fast alle Einwohner, darunter auch 33 Kinder im Alter von 2–16 Jahren, ermordet. Julianna Olejnik, eine Bewohnerin des Ortes, überlebte den Überfall nur mit viel Glück:

»Während der Nacht vom 27. auf den 28. Februar kamen einige Lastwagen mit deutschen Soldaten gegen 2 Uhr in das Dorf. Sie sagten, sie würden nichts Schlimmes in dem Dorf machen. Aber mein Bruder wollte ihnen nicht glauben und floh zusammen mit seinem 17jährigen Sohn und seinem Schwager.

In der Morgendämmerung kam einer der Soldaten in mein Haus und verlangte Wodka. Ich gab ihm Wodka und sprach mit ihm. Er war Wachsoldat und sagte, er warte auf einen Befehl. Dann kam ein anderer Soldat und verlangte ebenfalls Wodka. Er sagte, er sei von der Gestapo in Warschau. Nach einiger Zeit ging ich auf den Dachboden und konnte sehen, wie das Dorf brannte, und bei meinen Nachbarn im Hof töteten deutsche Soldaten Trzcialkowski und seinen Stiefsohn Marian Dabrowka. Ich rannte zurück und sagte, daß sie uns auch bald umbringen würden. Meine Schwester Franciszka Witkowska, meine Mutter Zuzanna Boratynska, meine Schwiegermutter Franciszka Niedzwiedzka, mein 6 Jahre alter Sohn Witold und mein 4 Jahre alter Sohn Zygmunt waren im Haus. Im selben Moment kamen drei deutsche Soldaten ins Haus, schauten sich im Stall um und fragten auf Polnisch, wer der Besitzer sei. Ich sagte noch, man könne uns nicht die Schuld geben für das, was eine Woche vorher passiert sei, weil wir an diesem Tag in Sobolew gewesen wären, um die Fleischration abzuholen. Der Soldat schrie mich an: »Raus!« und als ich ging, schoß er mir in den Kopf. Ich fiel zu Boden; der Schuß hatte mich am hinteren Hals (in der Nähe des Ohres) getroffen und war durchgedrungen bis zum vorderen Unterkiefer, sodaß mir vier Zähne ausfielen. Ich verlor das Bewußtsein. Als ich wieder zu mir kam, hörte ich die Soldaten miteinander sprechen: »Hier sind sieben tot.« Als sie weg waren, kam meine verwundete Mutter in die Küche und begann zu schreien, als sie uns auf dem Boden liegen sah — meine Schwester und mich, meine Schwiegermutter mit meinem Sohn Zygmunt auf dem Bett. Ich sagte, ich sei am Leben. Auch meine Schwester lebte noch. Sie bat meine Mutter, sich auf das Bett zu legen, um sich so zu retten. Die deutschen Soldaten hatten unser Gespräch gehört und kamen vom Hof zurück. Einer von ihnen stand über mir und überlegte, wen von uns er erschießen sollte. Meine Mutter klagte und schrie bis der Soldat sagte: »Ihr habt wohl immer noch nicht genug, ich mach es am besten gleich jetzt«, und tötete meine Mutter. Als wir allein waren, begann ich wieder mit meiner Schwester zu sprechen und bemerkte, daß auch mein Sohn Zygmunt noch am Leben war. Meine Schwester sagte, sie sei nicht einmal verwundet. Sie beschmierte sich mit meinem Blut, und ich legte mich nahe zu ihr. Nach einer Weile kamen die Soldaten wieder zurück und nahmen unsere Kleider aus den Schränken. Dann schossen sie wieder, ich weiß nicht auf wen. Später trieben sie die Kühe und alle Tiere aus den Ställen. Einer der Soldaten jagte ein Huhn in der Küche, tötete es, wusch sich die Hände und ging. Kurz nach ihm kam ein anderer Soldat ins Haus und zwickte meine Schwester und mich, um zu sehen, ob wir noch lebten. Dann brachten einige Soldaten Stroh und warfen einen Teil auf meine Schwester und das Bett, wo mein kleiner Sohn und die Leiche meiner Schwiegermutter lagen. Die Soldaten öffneten das Fenster und zerbrachen die Scheiben. Mein Sohn sprang aus dem Bett, und dann hörte ich einen Schuß. Das Haus brannte, mein Sohn versuchte dem Feuer durch das Fenster zu entkommen. Ich richtete mich auf, um meinen Sohn festzuhalten, aber der Soldat am Fenster schoß auf ihn und tötete ihn. Ich fiel zu Boden und verlor für einen Moment das Bewußtsein. Kurz danach kroch ich aus der Küche in einen kleinen Stall. Als das Feuer auch den Stall erreichte, schleppte ich mich in den Hof und lag dort für einige Zeit im Schnee. Nach einiger Zeit stand ich auf und schaute nach meiner Schwester. Ich konnte sie nicht finden. Ich kroch zu einer Kalkgrube und lag dort für eine Weile, ging dann zurück ins Haus und versteckte mich bis zum Morgen im Keller, bis mein Onkel Wojciech Wichowski aus Wola Laskarzewska nach Wanaty kam und mich dort fand. Er nahm mich mit. Bis zur Befreiung hielt ich mich mit meinen Verwandten außerhalb von Wanaty auf.

Ich möchte hinzufügen, daß mein Ehemann in der Scheune und meine Schwester im Keller erschossen wurden. Das ganze Dorf war niedergebrannt worden. Am 28. Februar wurden 108 Einwohner von Wanaty ermordet.«[4]

6
Jetzt ist unsere Reihe gekommen ...
(Das Leben vor der Deportation)

Über sein Leben vor der Deportation berichtet der 12jährige jüdische Junge David Rubinowicz, der im polnischen Dorf Krajno lebte, in seinem Tagebuch vom März 1940—Juni 1942:[1]

12. August 1940. Den ganzen Krieg über lerne ich alleine zu Hause. Wenn ich mich erinnere, wie ich zur Schule gegangen bin, kommen mir die Tränen. Und heute muß ich zu Hause sein, darf nirgends hingehen. Und wenn mir einfällt, was für Kriege in der Welt geführt werden, wieviele Menschen täglich von Kugeln, Gas und Bomben, von Epidemien und anderen Feinden der Menschen fallen, dann verliere ich die Lust zu allem.

1. April 1941. Gegen zehn Uhr kam ein Jude aus Kielce vorbei und sagte, daß von heute an in Kielce ein Jüdisches Viertel sein wird. Diese unangenehme Nachricht hat mich so getroffen, daß ich den ganzen Tag nicht wußte, was mit mir geschieht. Am selben Tag sind schon Juden, die irgendwelche Verwandten außerhalb der Viertels haben, aus Kielce fortgezogen und sind zu ihren Verwandten gefahren. Wir haben beinahe die ganze Verwandtschaft in Kielce, was werden die jetzt anfangen?

3. September. Heute ist der Kommissar zu uns gekommen, daß wir morgen zur Arbeit gehen sollen.

4. September. Um 8 Uhr bin ich zur Arbeit gegangen, nicht nur ich bin gegangen, sondern auch einige andere Jungen gingen. Als wir ankamen, da hat der Gemeindediener befohlen, daß ich und ein Junge dem Maurer die Steine reichen.

1. November. Heute wurden in Kielce Bekanntmachungen angeschlagen, daß jeder, der aus dem »Jüdischen Viertel« herausgeht oder in das Viertel hineingeht, die Todesstrafe erwartet. Denn bisher konnte man hinein und heraus aus diesem Viertel. Diese Nachricht hat mich sehr traurig gemacht und nicht nur mich, sondern jeden Israeliten, der das gehört hat.

12. Dezember. Gestern nachmittag bin ich nach Bodzentyn gegangen, denn ich lasse mir Plomben machen und wollte dort übernachten. Heute am frühen Morgen kam die Gendarmerie. Als sie die Chaussee entlangkamen, trafen sie einen Juden, der aus der Stadt herausging, und haben ihn gleich ohne jeden Grund erschossen, und als sie so weiter fuhren, haben sie noch eine Jüdin erschossen, wieder ohne jeden Grund. So sind zwei Opfer ohne jeden Grund gefallen. Als ich nach Hause ging, habe ich große Angst gehabt, daß ich nicht etwa auch mit ihnen zusammentreffe, aber ich habe niemanden getroffen.

11. Januar 1942. Vom frühen Morgen an herrscht Schneetreiben und großer Frost, er erreicht heute 20 Grad C. Als ich zusah, wie der Wind über die Felder fegt, sah ich, daß der Gemeindediener Plakate anklebt. Gleich ging ich hin, um zu sehen, was Neues in der Bekanntmachung steht. Es war nichts Neues auf dem Plakat, aber der Gemeindediener sagte, daß er dem Schulzen eine Bekanntmachung gebracht hat, in der steht, daß sie alle Juden aus allen Dörfern aussiedeln werden.

Die erste Seite von Davids Tagebuch

Als ich das zu Hause erzählte, waren wir alle sehr bestürzt. Jetzt in einem solchen harten Winter wollen sie uns aussiedeln? Wohin? Jetzt ist unsere Reihe gekommen, schwere Qualen zu erleiden. Der liebe Gott weiß wie lange.

12. Februar. Nach dem Frühstück gingen wir zum Schneeräumen, obwohl es uns niemand befohlen hatte, denn die Chaussee war über Nacht wieder zugeschneit. Ich erkannte den Gemeindediener und fragte ihn, wohin er geht, er sagte, er gehe zum Schulzen mit neuen Bekanntmachungen. Etwa zwei Stunden später kam der Dorfdiener mit einer Bekanntmachung, die er anschlug. Es war gar keine Bekanntmachung, sondern eine Karikatur auf die Juden. Ein Jude ist gezeichnet, der Fleisch durchdreht und in die Fleischmaschine eine Ratte steckt. Ein anderer gießt mit einem Eimer Wasser in die Milch. Auf dem dritten Bild steht ein Jude, der mit den Füßen Teig knetet, und über ihn und den Teig kriechen Würmer. Der Ti-

tel des Plakats lautet: »Der Jude ist ein Betrüger, er ist Dein einziger Feind.« Und unten steht:

»Bleib stehen und erkenn' die Welt,
Die Juden haben Dich umstellt!
Schmutzwasser gießt er in die Milch hinein,
Ins Fleisch bekommst Du Ratten rein,
Der Teig, mit Würmern stark vermischt,
Wird mit den Füßen aufgetischt!«

Als der Gemeindediener dieses Plakat anschlug, gingen die Leute gerade zum Schneeräumen und sie haben so gelacht, daß mir der Kopf schmerzte von dieser Schmach, die die Juden in der heutigen Zeit erleiden müssen. Möge Gott geben, daß diese Schmach so schnell wie möglich ein Ende hat.

10. April. Uns gegenüber haben sie Mann und Frau verhaftet und zwei Kinder sind geblieben. Wieder hört man, daß der Vater dieser Kinder zwei Tage vorher am Abend erschossen wurde, und sie hat man schwer krank nach Kielce gebracht. Die Gendarmerie hat, als sie in Slupi war, drei Juden verhaftet und in Bielin haben sie mit ihnen abgerechnet (natürlich nicht anders, als daß sie sie erschossen haben). In diesem Bielin ist wirklich schon viel jüdisches Blut geflossen, das ist wirklich schon ein jüdischer Friedhof geworden. Wann kommt das Ende dieses furchtbaren Blutvergießens? Wenn es so weiter bleibt, dann werden die Menschen allein vor Entsetzen wie die Fliegen sterben. Ein Bauer aus Krajno ist zu uns gekommen, der sagte, daß sie unserem früheren Nachbarn seine Tochter erschossen haben, weil sie nach 7 Uhr auf der Straße war. Ich will es nicht glauben, aber alles ist möglich.

5. Mai. Es gibt Gerüchte, daß in der Nacht eine Razzia auf die Juden sein wird. Papa ist seit gestern nicht zu Hause, da ist es möglich, daß er heute genau zur Razzia kommt. Wir haben ihm einen Zettel geschrieben, daß er heute nicht kommen soll, es war gerade ein Junge aus Krajno da und wir haben ihm den Zettel gegeben.

6. Mai. Ein furchtbarer Tag! Um drei Uhr etwa weckte mich ein Klopfen. Das war schon die Polizei, die die Razzia machte. Ich erschrak nicht, Papa und der Vetter sind in Krajno und wissen es und die übrigen Vettern haben sich versteckt. In einigen Minuten hörte ich ein Klopfen an der Tür, der Onkel hat ihnen gleich aufgemacht. Es kam ein polnischer und ein jüdischer Polizist, er sah mich und befahl mir, mich anzuziehen. Der andere fragte, wie alt ich bin, ich sagte 14, da ließ er mich in Ruhe. Sie suchten etwas herum, aber fanden niemanden und nahmen nur zwei aus Plock mit. Obwohl ich mich nicht fürchtete, zitterte ich wie im Fieber. Als sie fortgingen, schlief ich gleich ein. Früh weckte mich die Kusine, weil Papa mit dem Fuhrwerk gekommen war. Ich zog mich schnell an und bin heraus, Papa war nicht mehr da, weil er gleich vor der Razzia geflohen ist. Die Ware war schon vom Fuhrwerk abgeladen, plötzlich sehe ich einen Polizisten in unseren Hof einbiegen. Ich ging gleich fort vom Hof, aber ich hörte den Polizisten schreien: Wo sind die Kartoffeln! Her mit dem Rest! Und er

schrie noch etwas, aber ich verstand nicht, was er sagte. Jetzt, dachte ich mir, ist alles zu Ende. Als sie alles aufgeladen hatten, fuhren sie zur Wache. Und Papa ist nicht da, was sollen wir jetzt anfangen? — Mama ist mit der Tante zur Wache gegangen. Ich war sehr niedergedrückt, alles, was wir nur besessen haben, wurde mitgenommen, jetzt muß man um ein Stück Brot betteln gehen. Anciel ist gleich gekommen und hat gesagt, daß sie Papa und den Vetter auch gefangen haben. Jetzt erst begann ich zu weinen. Den Papa haben sie uns genommen, alles, was wir an Eigenem hatten, haben sie auch genommen, erst jetzt fühlte ich Sehnsucht nach Papa. Wir vergaßen schon die Ware, Mama ging zum Rat der Juden, daß sie Papa herauslassen, er ist doch krank, ohne Medizin kann er nicht leben und jetzt soll er in ein Lager arbeiten gehen, das ist schrecklich! — Sie sagten, daß sie Papa freilassen, wenn man ihn untersucht hat, wir hatten Hoffnung, daß sie ihn freilassen. Ich ging nicht auf die Straße, weil sie mich auch fangen können, nur der Bruder und Anciel haben ihnen zu essen hingetragen und Anciel erzählte, als er von der Straße heraufkam, daß sie seinen Schwager auch gefangen haben. Die Panik war ungeheuer, jeder, der nur Zeit hatte, versteckte sich und die Verwandten von denen, die sie mitgenommen haben, und die Frauen weinen furchtbar, wie wir nicht weinen. Die Razzia führen auch die Polizisten aus Bielin durch. Als es etwas ruhiger wurde, kamen zwei Autos vorbei und das eine hatte hinten eine Plattform. Als ich sie sah und mir vorstellte, daß Papa fortgeschickt wird, da habe ich schrecklich zu weinen begonnen. Dem Bruder hat Papa gesagt, daß er zu essen bringt und etwas Wäsche und einen kleinen Topf, da habe ich wieder geweint, als ich sah, wie er das nimmt. Mama war die ganze Zeit im Rat, sich um Papa bemühen, sie sagten nur, daß man ihn freilassen wird. Der Bruder ist nach einer warmen Mütze gekommen — aber er hat es nicht mehr geschafft ... das Auto war schon am anderen Markt. Ich schluchzte laut, als sie nahe waren, und rief: Papa, wo bist du, ich will dich noch sehen, und sah ihn auf dem letzten Wagen, weinend, ich sah so lange hin, bis er hinter der Biegung verschwand, und erst jetzt weine ich laut und fühlte, wie sehr ich ihn liebe und er mich und erst jetzt fühlte ich, daß das, was ich am 1. Mai geschrieben habe, daß er mich nicht liebt, eine Lüge ist und wer weiß, ob ich nicht dafür büßen muß, daß ich ihn verdächtigt habe und es ist nicht wahr. Wenn der liebe Gott gibt, daß er wiederkommt, dann werde ich nicht mehr so zu ihm sein. Sehr lange habe ich noch geweint, und wenn ich mir Papas verweintes Gesicht vorgestellt habe, schluchzte ich noch mehr.

21. Mai. Um halb neun kam ein Auto mit Juden. Als ich es sah, begann mein Herz zu schlagen, weil vielleicht Papa kommt. Als es näher war, suchte ich Papa, aber ich sah ihn nicht. Ich lief gleich hinter dem Auto her, es blieb beim Rat stehen und alle sprangen vom Auto herunter, aber Papa war nicht da, ich weinte sehr, warum so viele Menschen gekommen sind und Papa nicht. Manche sind ganz gesund und sind gekommen. Das hat mich sehr getroffen. Papa hat mit Bekannten einige Zettel geschickt, daß wir ihm etwas Kartoffeln schicken, gekochte Nudeln, Brot und Grütze. Wir machten gleich ein Paket und gaben es dem Chauffeur. Wir haben ganz vergessen, daß heute Pfingsten beginnt, wir haben nicht einmal etwas vorbereitet, so waren wir nur mit dem einen beschäftigt. Noch an keinem Feiertag hat Papa gefehlt, und heute fehlt er nicht nur, er ist noch dazu im Lager.

1. Juni. Ein Tag der Freude: Wir erwarten heute einen Brief von Papa, aber es kam keiner, es kam eine Postkarte vom Vetter und Grüße von Papa und sonst nichts. Wir machten ein großes Paket für Papa fertig, weil morgen aus dem Rat welche nach Skarzysk fahren. Wir packten eine dünne Jacke ein, Wäsche, Halbschuhe, etwas Kartoffeln, Brot und andere Kleinigkeiten. Ungeduldig wollte ich, daß schon der Dritte ist, damit ein Brief von Papa kommt, vielleicht hat er irgendwelche Chancen, nach Hause zu kommen. Gegen Abend bin ich zum Nachbar gegangen, der Schwester Holzschuhe zu machen. Bei der Arbeit hörte ich ein Auto kommen und singen, ich dachte mir gleich, daß wohl die Juden aus Skarzysk kommen. Ich lief gleich hinaus und wirklich, sie kamen. Von weitem sah man, wie sie mit den Händen und Mützen winken, und ich sah, wie auch mein Papa winkt. Ich warf alles hin und lief hinter dem Auto her, ich war mit dem Auto zusammen da. Ich nahm gleich von Papa sein Bündel und Papa ging vom Auto herunter. Mama nahm das Bündel von mir und ich ging auf die Wache das Paket abholen. Als ich zurück in die Wohnung kam, konnte ich Papa vor lauter Freude gar nicht begrüßen. Niemand kann sich unsere Freude vorstellen, es kann sich nur der vorstellen, der es erlebt hat. Aber niemand hat erwartet, daß sie heute kommen. Das war alles wie im Film, in einer Sekunde haben wir so viel erlebt. Gleich sind eine Menge Menschen gekommen, jeder wollte etwas Gutes erfahren. Papa ist mit einer verwundeten Hand gekommen, denn um die haben sie ihn freigelassen ... Zuerst erschrak ich, weil ich dachte, daß er schwer verwundet ist. Es ist mir sehr schwer, alles zu beschreiben, was Papa erzählte. Ich fange mit dem Anfang seiner Erzählung an, am schlimmsten war die erste Woche, dann hat er sich gewöhnt, die Arbeit ist nicht furchtbar, nur die Disziplin ist furchtbar, wenn einer nicht gut singt oder marschiert, dann bekommt er mit der Peitsche. Wecken ist um 4 Uhr früh, und um 5 Uhr nachmittags hören sie auf zu arbeiten. 13 Stunden darf man sich keine Minute hinsetzen, wer sich hinsetzt, der bekommt furchtbar. Das Erzählen nahm kein Ende, wir saßen bis 2 Uhr in der Nacht, das kann man gar nicht beschreiben. Papa sieht nicht sehr schlecht aus, er hat doch soviel gegessen, wie er braucht. Vor lauter Freude habe ich vergessen, das Wichtigste und Furchtbarste aufzuschreiben. Heute früh sind zwei Jüdinnen ins Dorf gegangen, eine Mutter mit ihrer Tochter. Das Unglück wollte haben, daß gerade Deutsche von Rudki nach Bodzentyn um Kartoffeln fuhren, und sie haben diese zwei Jüdinnen getroffen. Als sie die Deutschen sahen, da rannten sie fort, aber sie haben sie eingeholt und gefaßt. Sie wollten sie gleich im Dorf erschießen, aber der Schulze hat es nicht erlaubt, da gingen sie an den Waldrand und dort haben sie sie erschossen. Die jüdische Polizei fuhr gleich hin, um sie auf dem Friedhof zu begraben. Als das Fuhrwerk kam, da war es ganz voller Blut. Wer

Hier bricht das Tagebuch des David Rubinowicz ab.

Die gesamte jüdische Bevölkerung dieser Gegend wurde Mitte September 1942 zur nächsten Eisenbahnstation in Suchedniow getrieben und von dort aus am 21. September nach Treblinka deportiert.

Der kleine David ist dort mit großer Sicherheit am 22. oder 23. September 1942 umgebracht worden.

7
Jetzt sind die Rauchwolken weiß ...
(Kinder in Konzentrationslagern)

»Mit den Erwachsenen rotteten die Naziverschwörer unbarmherzig auch die Kinder aus. Sie töteten sie zusammen mit den Eltern, in Gruppen und einzeln. Sie töteten sie in Kinderheimen und Krankenhäusern, begruben sie bei lebendigem Leib, warfen sie ins Feuer, erstachen sie mit Bajonetten, vergifteten sie, führten Experimente an ihnen aus ... warfen sie in Gefängnisse und Folterkammern der Gestapo und in Konzentrationslager, wo sie durch Hunger, Foltern und Seuchen ums Leben kamen.«
(aus der Anklageschrift des Internationalen Gerichtshofs)[1]

Der erste Tag in Auschwitz

Kitty Hart, ein junges jüdisches Mädchen, das vor der Deportation in Polen nahe der deutschen Grenze lebte, berichtet von ihrer Ankunft in Auschwitz:

Ich schlief, als der Zug plötzlich anhielt. Die Türen unseres Gefängnisses wurden aufgerissen, und man trieb uns hinaus.

»Aussteigen, alles aussteigen, schneller, los.«

Es war pechschwarze Nacht, Mitternacht. Wir mußten uns in Fünfergruppen aufstellen, und dann wurde gezählt. Plötzlich merkte ich erst, daß hier Hunderte von Menschen standen.

Ich hörte das Schlagen von Peitschen, dann Geschrei und das Bellen der Hunde. Endlich marschierten wir los. Der Boden war matschig und meine Füße steckten tief im Schlamm. Nicht weit entfernt von uns war helles Licht — ein beleuchteter Zaun und alle paar Meter ein Soldat auf einem Wachtturm. Dann sah ich ein eisernes Tor, auf dem stand:

»Arbeit macht frei.«

Das war Auschwitz. Aber wir gingen vorbei und marschierten entlang der Eisenbahnschienen weiter. Auf beiden Seiten waren Zäune und dahinter — das Ungewisse. Alle Frauen passierten schließlich ein Tor. Das war Auschwitz II — bekannt unter dem Namen Birkenau, Lager BIIa.

Es war immer noch ziemlich dunkel, und in einiger Entfernung konnten wir seltsam aussehende Gestalten ausmachen, die aus barackenähnlichen Hütten herauskamen. Man hörte Pfiffe und Schreie wie »Aufstehen«, »Alles aufstehen zum Zählappell.« Hatte ich richtig gehört? War es wirklich Zeit zum aufstehen? Es war doch erst zwischen drei und vier Uhr morgens!

Man führte uns zu einem Gebäude, das Sauna genannt wurde; gemeint war das Bad. Im Innern des Bades waren Duschen und große Trommeln, wo die Kleider entlaust wurden. Ich schaute mich um. Keine deutschen Uniformen waren zu sehen. Nur einige auf- und abgehende Gestalten waren da. Waren es Männer oder Frauen? Es war schwierig zu sagen. Sie hatten kurzes Haar, einige trugen Hosen, andere eine Art von Kleidern. Alle hatten auf ihren Rücken rote Kreuze. Sie sprachen nicht, sondern brüllten nur, und ihre Stimmen waren rauh und tief, wahrscheinlich vom dauernden Herumschreien. Alle hatten eine Peitsche in der Hand. Ich sah genauer hin und bemerkte auf der linken Brust eine Nummer und ein grünes Dreieck. Wie wir später erfuhren, war das grüne Dreieck ein Erkennungsmerkmal für deutsche Kriminelle. Es war klar, wer das Lager befehligte und die Schlüsselpositionen innehatte.

Jemand wagte zu fragen: »Wann bekommen wir etwas zu essen«, denn wir hatten nichts bekommen, seit wir Dresden verlassen hatten.

»Du bis schon hungrig, du verfluchtes Arschloch?« war die bellende Antwort. »Warum schaut ihr durch die Fenster? Neugierig? Schaut ihr nach den Muselmännern? Keine Angst, bald seit ihr selbst ein Muselmann.«

Wir zogen uns aus und duschten, aber es waren immer noch keine Kleider da. Dann kam die Desinfektion — ein Bad in einer bläulich-grünen Flüssigkeit. Danach begannen die Friseure ihre Arbeit. Es waren Gefangene, deren Aufgabe darin bestand, uns zu rasieren, unsere Köpfe, natürlich auch unter den Armen und zwischen den Beinen. Das Kommando hieß: »Arme und Beine auseinander.« Es dauerte nur einige Sekunden. Ich faßte an meinen Kopf. Er fühlte sich seltsam und kalt an.

Dann wurde mir ein Haufen Lumpen zugeworfen — die Kleidung. Da war eine Weste, ein Paar khakifarbene Kniehosen und ein Hemd, das Teil einer Uniform eines russischen Kriegsgefangenen gewesen war. Die Kniehosen waren Nummern zu groß und zu weit, und das Hemd hatte zwei ungerade Ärmel. Ich bekam zwei sonderbare Strümpfe und ein Paar Holzschuhe, wieder einige Nummern zu groß. Ich drehte mich um zu meiner Mutter. Aber ich konnte sie nicht erkennen unter all den anderen. In diesen Lumpen und mit unseren rasierten Köpfen sahen wir alle gleich aus. Als ich sie dann doch endlich sah, mußte ich laut lachen. Sollte ich vielleicht auch so aussehen? Wir sahen aus wie Clowns in einem Zirkus.

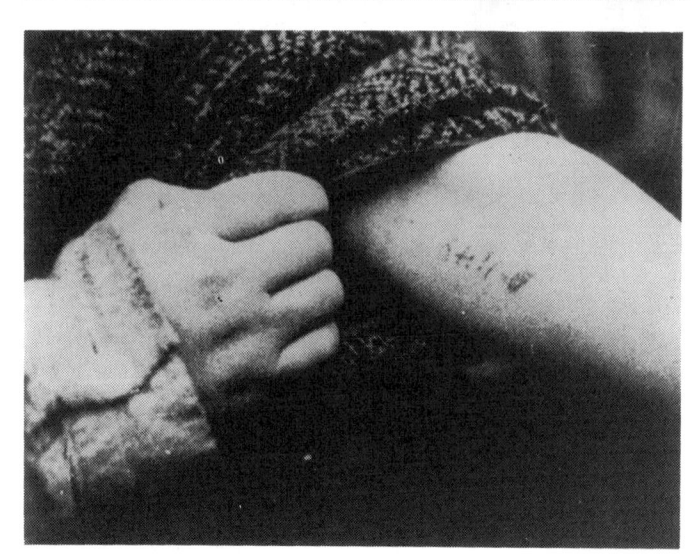

»Anstellen, anstellen, schneller, verfluchte Bande,« schrie eine rauhe Stimme. Es war Zeit für die nächste Prozedur. (...)

Mutter kam zuerst an die Reihe, 39933, dann ich, 39934, daneben ein Dreieck auf meinen linken Unterarm. Jedesmal, wenn die Nadel in die Haut eindrang, verspürte ich einen stechenden Schmerz. Ich hatte vorher nie eine Tätowierung gesehen, und sie machte mir eigentlich nichts aus. Ich glaubte, ich könnte sie einfach wieder abwaschen. Ich hatte nicht die leiseste Ahnung, daß dies ein ewiges Mal sein würde.

Es wurde Tag, und ich glaubte, Musik zu hören. An diesem Ort Musik? Träumte ich, oder war ich bereits verrückt? Nein, es spielte tatsächlich eine Kapelle. Ich konnte klar und deutlich das Schlagen der Trommeln hören. Alle schauten hinaus und sahen Frauen, die in Kolonnen im Takt zu den Trommelschlägen marschierten und ab und zu hörte man: »Links, 2, 3, 4, links, 2, 3, 4.« Das waren die Frauen, die zur Arbeit gingen.

Man sagte uns, wir müßten zum Lager A gehen, um unter Quarantäne zu kommen und daß wir zum Block 20 gehörten — die Blocks waren die Baracken, unsere Schlafquartiere. Als wir das Bad verlassen hatten, konnten wir zum ersten Mal das ganze Lager sehen. Mitten durch das Lager führte die sogenannte Lagerstraße. Auf beiden Seiten der Straße standen die Blocks. Es waren lange, steinerne Hütten mit zwei winzigen Fenstern. Um zu den Hütten zu kommen, mußte man durch knöcheltiefen Schlamm waten, der an unseren Holzschuhen hängenblieb. (...)

Ich schaute mich um. Da waren auch Häftlinge hinter den anderen Blocks, und bald kamen einige zu uns herüber, um mit uns zu sprechen.

»Bist du neu hier? Möchtest du ein Halstuch kaufen?«

Das Mädchen, das vor mir stand, war Französin und hielt mir einen Lumpen entgegen. Ich hätte es nehmen können, um meinen kahlen Kopf damit zu bedecken.

»Was willst du dafür?« fragte ich.

»Es kostet zwei Brotrationen oder eine Portion Wurst.«

Ich erklärte ihr, daß wir noch keine Rationen erhalten hätten und fragte, wie sie an das Halstuch gekommen sei.

»Ich habe es natürlich organisiert«, war die Antwort.

Später wurde mir klar, daß »organisieren« das wichtigste Wort in Auschwitz war. Es bedeutete: stehlen, verkaufen, tauschen, überleben. Als erstes lernte ich, daß alles als Zahlungsmittel benutzt werden konnte. Sogar Wasser. Ich lernte schnell. (...)

Es war fast mittag, und von weitem konnten wir große Töpfe erkennen, die aus der Küche herausgetragen wurden. Ich hatte dies früher in den Gefängnissen gesehen und wußte, daß die Suppe kam. Vom nächstgelegenen Block sprangen Mädchen auf. Etwas Suppe war verschüttet worden, und die Mädchen lagen auf dem Boden, um die Suppe aus dem Schlamm aufzulecken; andere durchsuchten die Müllkästen in der Hoffnung, eine Kartoffelschale zu finden.

Endlich kam auch unsere Suppe und jeder erhielt eine rote, emaillierte Schüssel mit einem Schöpflöffel voll Suppe. Es war ein schrecklich geschmackloses, übles Zeug. Es enthielt einige Happen Kartoffelschalen und obendrauf schwammen einige Rüben. Ich probierte und spürte Übelkeit aufsteigen, aber ich war zu hungrig, um das Zeug stehen zu lassen. Wir hatten keine Löffel, aber die ließen sich »organisieren«, wie alles andere auch. Das war unser Mittagessen. (...)

Es war nachmittag, und immer mehr Mädchen kamen herüber, um mit uns zu sprechen. Alle Nationalitäten waren vertreten, aber es gab keine Verständigungsprobleme, weil man bald die Lagersprache kannte, die allen geläufig war. Plötzlich hörte ich einen Warnruf und sprang auf meine Füße. »Lauf!« flüsterte mir jemand zu, und ich kroch hinter den Block, um mich zu verstecken. Aus meinem Versteck sah ich eine Frau näherkommen, die ein schwarzes Dreieck über der Nummer ihres Anzugs trug. Es war eine deutsche Gefangene, und mit ihrer Peitsche machte sie Jagd auf die Arbeiterinnen. Nachdem sie ungefähr zehn Mädchen erwischt hatte, ging sie wieder.

Dann hörte ich einen Pfiff.

»Zählappell. Alles anstellen,« hallte es über das Lager.

Dies war der abendliche Zählappell. Wir standen schon über zwei Stunden, bis wir in einiger Entfernung eine grüne Uniform sahen, die sich auf einem Fahrrad entlang der Lagerstrasse näherte. Es war eine der Aufseherinnen der SS. Unsere Blockälteste schrie: »Achtung!« und wir standen stramm. Die Aufseherin lief langsam die vorderste Linie ab und zählte mit ihrem Stock jede Fünferreihe nach. Dann ging sie zum Hauptor. Dort stand, auf einem extra erhöhten Tisch, Rapportführer Traube, ein SS-Mann, der im ganzen Lager gefürchtet war. Er hatte heute Dienst und überprüfte die Zahlen, die ihm von der Aufseherin gebracht worden waren. (...)

Wir hofften, daß wir vielleicht jetzt, nach dem Zählappell, in unsere Blocks dürften. Jeder von uns war neugierig, wie es in den Blocks aussehen würde. Es gab ein großes Gedränge, und an der Tür bekamen wir unsere Essensrationen. Man gab uns ungefähr 150 g Brot und ein bißchen Margarine. Das war unser Abendessen und Frühstück zusammen. Zweimal die Woche gab es eine Zulage in Form eines kleinen Stückchens Käse oder Wurst. Ich fragte mich ernsthaft, ob man von einer derartig mageren und eintönigen Kost leben könnte. Und wie sollte es nur möglich sein, von dieser Ration mehr als eine Krume zurückzubehalten, um Kleider zu organisieren?

Endlich waren wir drinnen. Auf jeder Seite der beiden Gänge war eine endlose Reihe von dreistöckigen Schlafstellen, Kojen genannt. In jeder Koje mußten 15 Personen Platz finden, wenn der Block voll war. (...)

Wir eilten uns, um einen Schlafplatz zu finden. Es war klar, daß die besten Plätze oben waren, aber die waren natürlich schon belegt. Unten war es heiß und schwül. Irgendwie und irgendwo mußte man sich hineinquetschen, und schließlich hatten wir Erfolg. Wir fühlten uns wie in einer Sardinenbüchse.

Ich lag außen, aber weder die einzige Decke noch die Strohmatratze reichten aus. Und selbstverständlich gab es keine Kissen. Man warnte mich, meine Holzschuhe nicht stehen zu lassen, falls ich sie jemals wiedersehen wollte und meine Ration in meinen Kleidern zu verstecken. Ich war durch und durch naß, aber so konnte wenigstens nichts wegkommen. Es war zu gefährlich und viel zu kalt. Meine Nachbarin war eine Zigeunerin, die seit zwei Wochen hier war. Ich glaube, ich werde ihre Stimme nie vergessen. Sie schaute freundlich zu mir und sagte: »Ich kann in deinen Augen eine große Stärke erkennen, mein Kind. Zeig mir deine Handfläche, und ich werde sehen, wie es dir ergehen wird. Ja«, fuhr sie fort, »ich kann es genau erkennen, daß du hier herauskommen wirst. Wie, weiß ich nicht, aber du wirst eine der wenigen sein, die die Freiheit wieder sehen. Denk daran, du darfst nie den Willen zum Überleben verlieren. Kämpfe für dein Leben, oder es wird sehr schnell zu Ende sein.«

Mein erster Tag in Auschwitz war vorüber.[2]

Kitty Hart konnte mit ihrer Mutter zusammenbleiben. Das war jedoch eine Ausnahme. Wie Kinder unter der Trennung von den Eltern litten, zeigt ein Bericht von Bogdan Bartnikowski, der als zwölfjähriger Junge nach dem Warschauer Aufstand deportiert worden war:

»Ich nähere mich dem einzelnen dünnen Draht. Mutter auch. Uns trennen nur drei Meter. Wir schweigen, blicken uns an. Ich lächle, aber das muß erbärmlich aussehen. Mutter, Mutti, du bist so nahe. ›Du bist furchtbar dünn geworden, Söhnchen‹, sagt sie, und die Tränen rinnen ihr über das Gesicht ... ›Hier hab ich ein Stück Brot ... Fang! ... Reiß aus, Junge, reiß aus!‹ ruft die Mutter. Ich sah mich schnell um. Zu spät. Der SS-Mann war schon vom Fahrrad gesprungen und holte weit aus. Mir wurde schwarz vor Augen. Ich stürzte mit dem Gesicht in den Schlamm.«[3]

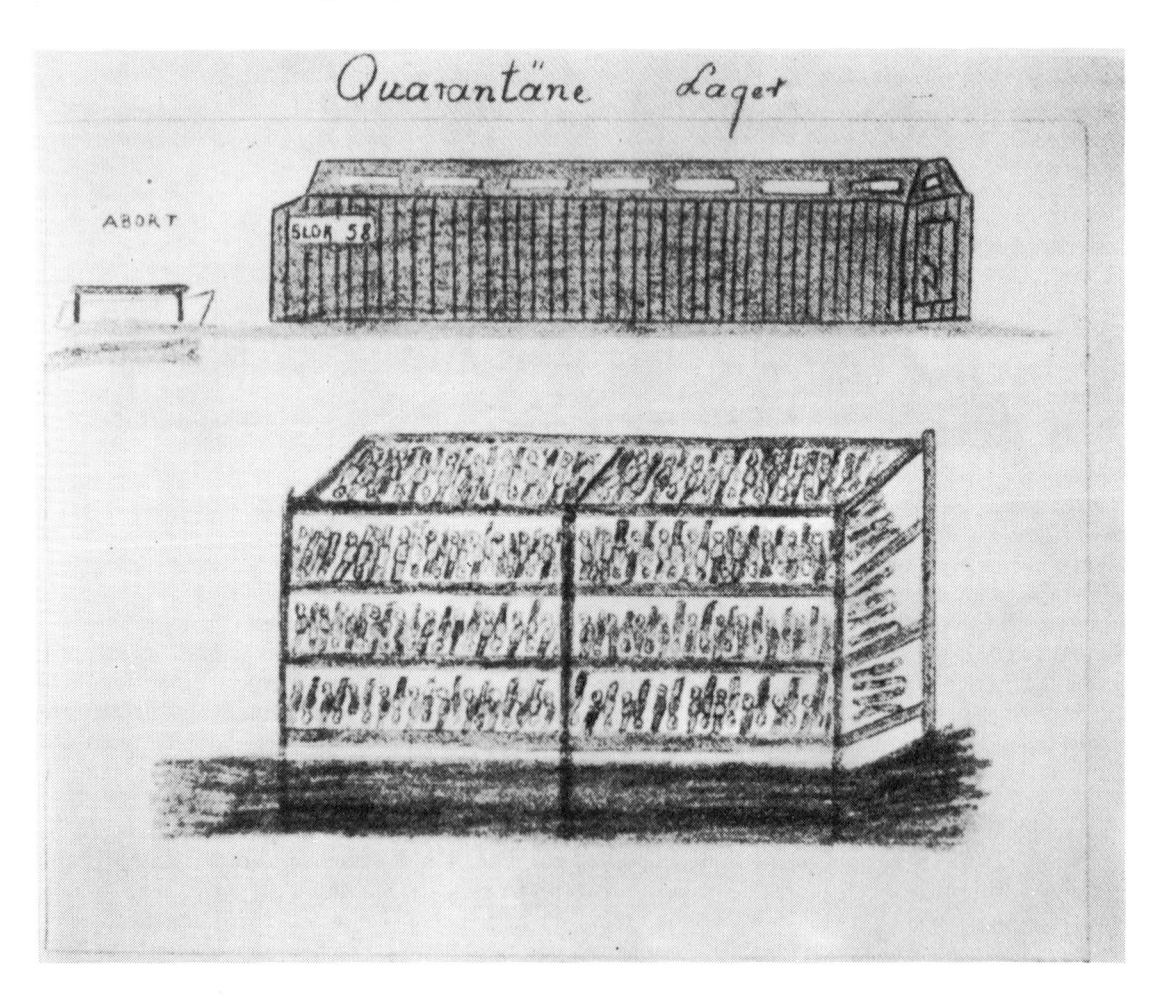

Angst

Peter Fischl, ein fünfzehnjähriger Junge, der in Auschwitz 1944 ermordet wurde, schrieb in sein Tagebuch:

»Wir hatten uns daran gewöhnt, morgens um sieben, mittags und dann wieder abends um sieben in langen Reihen mit einer Essenschüssel in der Hand zu warten, bis man uns etwas warmes, nach Salz schmeckendes Wasser oder Kaffee oder vielleicht ein paar Kartoffeln hineintat. Wir hatten uns daran gewöhnt, ohne Bettwäsche zu schlafen und jede Uniform zu grüßen ... Wir hatten uns an die grundlos verabreichten Ohrfeigen gewöhnt, an Erniedrigungen, Strafen ... Wir hatten uns an den Anblick im eigenen Kot sterbender Menschen gewöhnt, an Särge voller Leichen, an Kranke in entsetzlichem Dreck und ohne irgendwelche Ärzte ... Wir hatten uns daran gewöhnt, daß von Zeit zu Zeit Tausende Unglückliche zu uns gebracht wurden und daß Tausende uns wieder verließen ...«[4]

Zwangsarbeit

»Die größeren Kinder, angefangen bei den Zwölfjährigen, schickte die SS in die Rüstungsbetriebe. Dort mußten sie gleich den Erwachsenen in zwölfstündiger Tag- und Nachtschicht arbeiten, hungernd, frierend und todmüde. Viele dieser jungen Menschen erlagen dem Hetztempo und den katastrophalen Verhältnissen im Lager nach kurzer Zeit.

Andere wurden tuberkulös und kamen als Todgeweihte in den Block 10, um von dort aus den Weg in die Vergasung anzutreten. In den Erinnerungen der Blockältesten dieser Krankenbaracke werden einige dieser tragischen Schicksale geschildert:

Unter ihnen ist die kleine Sophie Wachter. Als achtjähriges Kind war sie mit ihren Eltern irgendwo in Polen verhaftet worden. Vater und Mutter gingen in Auschwitz ›durch den Kamin‹. Als das Mädchen elf Jahre alt war, begann die SS die Kinder zu vernichten. Deshalb fälschte Sophie — in ihrer Todesangst — ihr Geburtsdatum auf ihrer Revierkarte. Nun galt sie als Dreizehnjährige und wurde sofort von Auschwitz nach Ravensbrück gebracht. Von hier aus ging sie mit einem Transport von Mädchen und Frauen in eine Munitionsfabrik. Tag- und Nachtschicht wechselten wöchentlich. Hunger und Kälte führten zur völligen Erschöpfung des zarten Mädchenkörpers. Sophie wird unter diesen Entbehrungen tuberkulös, kommt zurück nach Ravensbrück und wird auf Block 10 geschickt. Da liegt sie noch fünf Wochen, dankbar für jeden freundlichen Blick, gequält von großen Schmerzen. Dann hebt Dr. Winkelmann eines Tages die Decke von dem dünnen abgemagerten Körper. Er wechselt einen kurzen Blick mit der SS-Schwester. Sie versteht und trägt in die Karteikarte ›Sophie Wachter‹ ein Kreuz ein. Wenige Tage später geht das kleine Mädchen zusammen mit anderen Kindern und Frauen in die Gaskammer.«[5]

Schikane

Shimon Srebnik, der heute in Israel lebt, wurde mit 13 Jahren, nachdem sein Vater im Getto von Łódź erschossen worden war, in das KZ nach Kulmhof gebracht. Was er dort erleben mußte, schilderte er am 14.—16.1.1963 im Kulmhof-Prozeß:

»Im Lager wurde ich wie ein Spielzeug behandelt. Sie nannten mich Spinnefix, weil ich so klein und flink war. Und sie machten ihre Späße mit mir. Bothmann, ein schrecklicher Mann, vor dem ich furchtbare Angst hatte, befahl mir einmal, mich hinzulegen. Dann hielt er mir die Pistole an den Kopf und fragte:

»Hast du Angst?«

Ich antwortete: »Nein, ich habe keine Angst, Herr Chef.«

Darauf durfte ich wieder aufstehen.

Eines Tages kam Bothmann von der Jagd zurück. Er hatte Füchse gefangen und brachte ein paar angeschossene Tiere mit ins Lager. Er sperrte die verängstigten Tiere in einen Käfig und befahl mir, ebenfalls in den Käfig hineinzugehen. Die Tiere haben mich schrecklich gebissen, und draußen standen Burmeister, Häfele und Bothmann und amüsierten sich über das Schauspiel.

Ein anderes Mal sagte Bothmann zu mir: »Spinnefix, wenn du innerhalb von zwei Stunden die beiden Kaninchen, die ich jetzt freilasse, nicht wieder einfängst, lege ich dich um.«

Ich habe sie gefangen, und Bothmann sagte zu mir: »Du bist ein braves Schwein. Zur Belohnung bekommst du zwei Wochen gute Verpflegung.«

Ein andermal sagte Burmeister zu mir: »Spinnefix, wenn der Krieg aus ist, nehme ich dich mit nach Hause.«

Eine Spezialität von Burmeister war »Zähne ziehen«. Er hatte im Lager die Instrumente eines Zahnarztes gefunden und probierte sie nun an Häftlingen aus.

Eines Tages sagte er zu mir: »Spinnefix, mach die Fresse auf.«

Und dann riß er mir die Zähne heraus. Ich habe fürchterliche Schmerzen gehabt.

Einmal veranstaltete Häfele einen Wettlauf unter den jüdischen Häftlingen. Wir waren alle mit Fußketten gefesselt, die so eng waren, daß man noch nicht einmal richtig gehen, sondern nur hüpfen konnte. Dem »Sieger« bei diesem Wettlauf hatte Häfele längere Ketten versprochen. Ich war Sieger, aber ich mußte ihn an sein Versprechen erinnern.

Schließlich gab er mir auch eine längere Kette, und von da an konnte ich viel besser gehen.

Die Freundin des SS-Oberscharführers Häfele mußte mir einmal bei strengem Frost einen Eimer Wasser übergießen. Ich mußte ganz still stehen, bis das Wasser auf mir gefror.

Häfele und seine Freundin haben schallend gelacht, als das Eis krachte.

Es muß am 17. Januar 1945 gewesen sein. Die russischen Panzer standen wenige Kilometer vor Kulmhof. Der SD (Sicherheitsdienst) hatte den Befehl zur Auflösung des Lagers und zur Liquidierung der letzten jüdischen Arbeitskommandos gegeben. In der Nacht erschien die SS vor unserer Unterkunft, die Wächter mit Maschinenpistolen im Anschlag.

Lenz, einer der sechs stellvertretenden Lagerkommandanten, brüllte: »Fünf Mann 'raus!« Ich stand bei 18 Grad Kälte ohne Schuhe und Hemd da. Auch ein tschechischer Arzt war mit uns vor die Tür getreten. Der hatte wohl angesichts der Maschinenpistolen den Verstand verloren, denn er sang und redete irres Zeug. Lenz fragte den Lagerleiter Bothmann:

»Wo soll ich sie hinlegen?«

Mit noch vier anderen mußte ich mich mit dem Gesicht nach unten hinlegen. Ich lag in der Mitte. Dann schossen die SS-Männer. Ich bekam einen Schuß ins Genick, aber das Geschoß ging an der Wirbelsäule vorbei, durchschlug den Hals und trat durch den Mund wieder heraus. Ich hatte das Gefühl, hoch, ganz hoch durch die Luft zu fliegen und dann wieder auf den Boden zu fallen. Dann merkte ich, wie einer kam und horchte, ob wir noch atmeten. Ich habe den Atem angehalten. Als alles vorbei war, kroch ich auf allen vieren bis zu einem Heuschober, wo ich das Bewußtsein verlor. Später wurde ich einmal wach und glaubte, die letzte Nacht meines Lebens sei da. Schließlich kam — ich weiß nicht, ob ich träumte oder wach war — ein großer Mann auf mich zu und sagte zu mir: »Du kannst 'rauskommen, die Russen sind da.« Später untersuchte mich ein russischer Arzt. Der meinte, daß ich höchstens noch sechs Stunden zu leben haben würde.«[6]

Selektion

Josef Zalman Kleinmann kam 1944 mit 14 Jahren nach Auschwitz. Er berichtete über seine Erlebnisse am 7.6.1961 im Eichmann-Prozeß:

»Am Versöhnungstag verbreitete sich die Nachricht im Lager, daß eine zusätzliche Brotration verteilt werden sollte. Man brachte uns ein Viertel Brot und noch etwas Käse in die Baracke. So etwas hatte es in Auschwitz noch nie gegeben. Wir freuten uns sehr, daß wir am Vorabend des Versöhnungstages essen konnten, um dann am Versöhnungstag selber fasten zu können. Alle lobten diese Gutherzigkeit. Aber wir wußten nicht, was unserer noch harrte.

Einige Stunden später wurde Blocksperre verhängt, und dann kam der Befehl: »Alle Knaben auf den Fußballplatz!« Es gab tatsächlich einen Fußballplatz im Lager, den wahrscheinlich die Zigeuner angelegt hatten, die einige Wochen vorher vernichtet worden waren. Es entstand eine große Unruhe unter uns. Alle liefen hin und her. Dann mußten wir uns in Hundertschaften aufstellen. Irgendwoher kam das Gerücht, man würde uns zur Kartoffellese einsetzen. Wir waren 2 000 Knaben. Plötzlich erzitterte alles: Dr. Mengele, der »Todesengel«, erschien. Jemand ging auf ihn zu, nahm ihm das Fahrrad ab und stellte es an eine Barackenwand. Er näherte sich unserer Gruppe, seine Arme auf dem Rücken verschränkt, die Lippen fest geschlossen. Dann hob er den Kopf, damit er den Platz überblicken konnte. Sein Blick blieb an einem vierzehn- oder fünfzehnjährigen Knaben hängen, der in meiner Nähe stand. Es war ein Junge aus dem Getto von Łódź, blond, mager und sonnengebräunt. Er stand gleich in der ersten Reihe. Mengele ging auf ihn zu und fragte ihn: »Wie alt bist du?«

Zitternd antwortete ihm der Knabe: »Ich bin achtzehn Jahre alt.«

Mengele wurde wütend und begann zu brüllen: »Euch werde ich's zeigen! Bringt mir einen Hammer, Nägel, eine Leiste.«

Jemand lief sofort weg. Wir standen erstarrt vor Schreck da und schauten ihn an. Es herrschte Todesstille auf dem Platz. Die Geräte wurden gebracht. Mengele wandte sich an einen großen Knaben in der ersten Reihe, einen pausbäckigen, gutaussehenden Jungen. Mengele führte ihn an der Schulter zu einem der Tore auf dem Fußballplatz, gefolgt von dem Mann mit der Leiste und dem übrigen Handwerkszeug. Der Junge mußte sich beim Tor aufstellen, und Mengele befahl, die Leiste direkt über seinem Kopf einzuschlagen. Dann mußte die erste Gruppe losmarschieren.

Wir begriffen sofort: Jeder, der nicht an die Leiste heranreichte, war für die Vernichtung bestimmt. Also streckten wir uns, sosehr wir konnten. Einen Zentimeter höher, noch einen halben Zentimeter höher. Auch ich streckte mich, aber ich wußte, daß es hoffnungslos war. Größere Jungen als ich erreichten die Leiste nicht. Und jeder Knabe, dessen Kopf die Leiste nicht erreichte, wurde zur anderen Seite hinübergeschickt.

Ich war so mit mir beschäftigt, daß ich gar nicht mehr an meinen Bruder dachte. Mein Bruder war ein großer Junge, er stand kurz vor seinem sechzehnten Geburtstag. Als ich gerade dachte, daß es mit meinem Leben nun aus sei, flüsterte er mir zu: »Wenn du leben willst, tu doch etwas!« Ich wurde wieder hellwach und sah die Steine um mich herum. Und ich dachte, die könnten mich vielleicht retten. Also bückte ich mich, hob einige kleine Steine auf, öffnete die Schuhe und stopfte die Steine hinein. Es waren Halbschuhe, viel zu groß für mich. Ich füllte sie mit Steinen. Dadurch wurde ich etwas größer und hoffte wieder, die Leiste vielleicht doch zu erreichen. Aber dann merkte ich, daß ich mit all den Steinen in den Schuhen nicht mehr so stramm stehen konnte wie ein Soldat und sagte zu meinem Bruder: »Ich werf' die Steine wieder weg, das geht ja nicht.«

Darauf sagte mein Bruder: »Wirf sie nicht weg, komm, ich gebe dir etwas.« Er gab mir seine Mütze, ich zerriß sie in zwei Teile und stopfte sie auch noch in die Schuhe, damit ich besser stehen konnte. So stand ich dann zehn Minunten mit den Steinen in den Schuhen und hatte wieder Hoffnung.

Inzwischen war es weitergegangen. Manchen gelang es, die Leiste zu erreichen, manchen nicht. Mein Bruder musterte mich wieder und sagte: »Das ist ja noch immer nicht hoch genug.«

Er fragte auch andere Jungen, die besser schätzen konnten, und alle meinten, daß ich keine Chancen hätte, durchzukommen. Da fiel mir ein, es wäre vielleicht besser, sich zu denen durchzumogeln, die schon durch die Selektion durch waren. Sie standen mir gegenüber; die Kleinen, die die Leiste nicht erreicht hatten, mußten immer zur anderen Seite. Ich schlich mich also zu den Großen. Einen Augenblick lang glaubte ich, daß es mir gelungen sei. Doch dann machte es ein anderer Junge mir nach. Das merkte Dr. Mengele, und er schrie die Wachmannschaften an: »Was macht ihr denn da? Das ist ja schon Sabotage!« Und er verlangte, daß die ganze Gruppe noch einmal vorbeigehen solle. Als man uns zurückbrachte, stellte ich mich wieder an meinen alten Platz. Diesmal gelang es mir, zu den Großen durchzukommen. So ging diese Selektion zu Ende. Ungefähr 1 000 Jungen hat sie das Leben gekostet.«[7]

Medizinische Versuche

In mehreren Konzentrationslagern wurden schreckliche medizinische Versuche an Kindern durchgeführt. Zwar entstammten manche Experimente an Kindern der krankhaften Phantasie der sie »behandelnden« Ärzte; es darf jedoch nicht vergessen werden, daß viele Versuche in Zusammenarbeit mit dem Kaiser Wilhelm-Institut in Berlin (heute Max-Planck-Institut) stattfanden. Obduktionsprotokolle oder Präparate von Augen, Blutproben, Gehirnschnitte usw., die nach Berlin geschickt wurden, lassen sogar den Schluß zu, daß es sich um offizielle, von den zuständigen Behörden genehmigte Forschungsprogramme gehandelt haben muß.

Als Mengele am 30.5.1943 Lagerarzt in Auschwitz wurde, hatte er zwei Projekte, die durch die Deutsche Forschungsgemeinschaft (Leiter Prof. Sauerbruch) genehmigt und unterstützt wurde, zu bearbeiten: »Augenfarbe« und »spezifische Eiweißkörper«.

Vera Kriegel, die mit 4 Jahren nach Auschwitz kam, schilderte im Februar 1985 auf einem Symposion in Jerusalem, wo sich Opfer der medizinischen Versuche getroffen hatten, ihre Erlebnisse:

»Meine Mutter hatte blaue Augen und sah wie eine echte Arierin aus.« Sie selbst hatte jedoch schwarze Augen, was die Aufmerksamkeit Mengeles auf sie lenkte.

»Das war der Grund, warum er mit uns spezielle Augenexperimente unternahm. Wir wurden ins Labor gebracht, wo ich zu meinem Entsetzen eine Wand vorfand, die voll von Menschenaugen bestückt war.«[8]

Eine andere Zeugin berichtete:

»Wir waren ungefähr zwanzig Mädchen. Wir hatten uns nackt ausziehen müssen. Durch das Schlüsselloch der Tür sahen wir in dem anderen Zimmer die Maschine. Da hatten wir keine Angst mehr. Wir wurden einzeln vor den Röntgenapparat gestellt und dann sahen unsere Bäuche bald aus wie nach einem starken Sonnenbrand.«[9]

Mengeles »Hobby« war jedoch die Zwillingsforschung. Jiri Steiner, der mit 14 Jahren nach Auschwitz kam, erzählt:

»Genau sechs Monate nach unserer Ankunft wurde unser Transport — ursprünglich waren es zirka 5 000 Menschen gewesen — ins Gas getrieben. Mein Bruder und ich entgingen diesem Schicksal, weil wir Zwillinge waren und weil Mengele sich deshalb für uns interessierte.

Ich lernte Dr. Mengele, einen hochgewachsenen, schlanken Mann, kennen. Er hatte eine hohe Stirn und trat im allgemeinen sehr arrogant auf. Aber in Sekundenschnelle konnte sich sein Gesichtsausdruck in ein schmeichlerisches Lächeln verwandeln. Das erstemal begegnete ich ihm im März 1944, kurz nachdem man uns aus dem berüchtigten Märztransport herausgenommen hatte. Kaum waren wir aus dem Quarantänelager in das Krankenrevier des Familienlagers übergeführt worden, ließ er heuchlerisch anfragen, ob wir irgendwelche Wünsche hätten. Die gleiche Frage stellte er uns mit einem engelhaften Lächeln, nachdem er uns zu einer gründlichen Untersuchung in seine Ordination bestellt hatte. Mein Bruder und ich antworteten gleichzeitig:

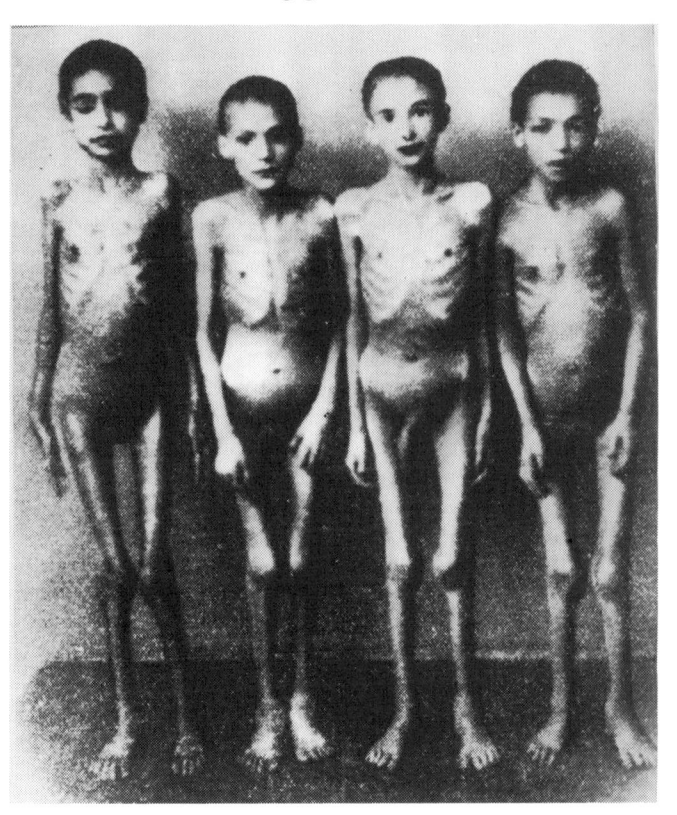

»Wir möchten mit unseren Eltern zusammen sein.«

Zu dieser Zeit wußten wir noch nicht, daß der ganze Transport bereits in die Gaskammer geschickt worden war. In der gleichen gütigen Art wie bei seiner Frage versicherte er uns, daß wir die Eltern bald sehen würden. Wo, fügte er allerdings nicht hinzu.

Wir waren damals etwa 150 Zwillingspaare. Er verglich die biologischen Besonderheiten, vor allem der eineiigen Zwillinge, stellte fest, wieweit sie sich voneinander unterschieden und welcher Art die Unterschiede zwischen Zwillingen und anderen Menschen seien. Man hatte viel Arbeit mit uns. Nicht so sehr Mengele selbst als die Häftlingsärzte. Sie hatten Messungen der einzelnen Körperteile vorzunehmen und die Angaben zu vergleichen, sie machten Röntgenaufnahmen von uns, fotografierten uns von allen Seiten und prüften unser Sehvermögen, das Gehör, das Nervensystem, die Herztätigkeit. Sie machten Blutproben (in 18 Monaten 14mal), die sie an irgendein Laboratorium einsandten. Dabei waren sie immer bemüht, ihre Experimente mit uns hinauszuzögern, denn sie wußten, daß wir im Augenblick ihrer Beendigung vergast werden würden.

Mengele war sehr besorgt um uns, da wir doch gewissermaßen seine wissenschaftliche und auch seine SS-Karriere garantierten. Deshalb quartierte er uns im Krankenbau ein, ordnete an, daß wir einen Viertelliter Suppe mehr erhielten, er informierte sich über unseren Gesundheitszustand und gab acht, daß man uns nicht aus Versehen in die Gaskammer schickte. Einmal wäre es tatsächlich fast um uns geschehen gewesen. Mengele war abwesend, und einer seiner Kollegen beeilte sich, unter den Zwillingen eine Selektion vorzunehmen. Am nächsten Morgen sollten wir ins Gas. Im großen und ganzen nahmen wir diese Mitteilung apathisch auf. Uns war schon alles gleichgültig geworden. Aber in der Nacht kehrte Mengele zurück und rettete »seine Zwillinge«.[10]

Viele der von Mengele ausgewählten Zwillingspaare überlebten Auschwitz nicht, denn den Versuchen am lebenden Menschen folgte die gleichzeitige Tötung der Zwillinge, um durch Vergleich der gesunden, unregelmäßigen oder kranken Organe beim anschließenden Sezieren zu weiteren »wissenschaftlichen« Erkenntnissen zu gelangen.

»Ich nehme vom SS-Mann die Mappen entgegen, die die Aufzeichnungen über die Zwillinge enthalten. Die Leichenträgerinnen setzen die verhüllte Trage ab. Ich hebe das Tuch: auf der Trage liegen die Leichen von etwa zweijährigen Zwillingen. Die Männer des Sonderkommandos tragen die Leichen ins Haus und legen sie auf den Seziertisch. Ich lese die Schriftstücke. Sie enthalten die verschiedensten klinischen Untersuchungen, Beschreibungen, Röntgenaufnahmen. Es fehlt nur der Sezierbefund, den ich ausfertigen muß.

Die Körper der Zwillinge liegen nebeneinander auf dem Seziertisch. Mit ihrem gleichzeitigen Tode, mit ihrem Körper, der auseinandergenommen werden soll, sollen sie zur Lösung des Problems der Rassenvermehrung beitragen. Das ›große Ziel‹ ist, einen Weg zur Rassenvermehrung zu finden, indem in Zukunft jede deutsche Mutter nach Möglichkeit Zwillinge gebiert. Der Plan ist wahnwitzig« ...
(Zeugenbericht des ungarischen Arztes Dr. Nyiszli, der als Häftling in Auschwitz war und dort arbeiten mußte.)[11]

Wenn es einerseits darum ging, Möglichkeiten zu finden, »arische« Frauen »gebärfähiger« zu machen, so verfolgte man andererseits mit Sterilisationsversuchen im Konzentrationslager Ravensbrück das Ziel, die Unfruchtbarmachung sogenannter rassisch minderwertiger Bevölkerungsgruppen zu erproben. Opfer waren Zigeunerkinder, die mit Röntgenstrahlen sterilisiert wurden. Daß dies tatsächlich nur Vorversuche für eine massenhafte Sterilisierung der sogenannten rassisch minderwertigen Bevölkerungsgruppen waren, geht aus Mitteilungen Viktor Bracks, SS-Oberführer, an Heinrich Himmler hervor:

»Ein Weg der praktischen Durchführung wäre zum Beispiel, abzufertigende Personen vor einen Schalter treten zu lassen, an dem sie Fragen gestellt erhalten oder Formulare auszufüllen haben, was ungefähr zwei bis drei Minuten aufhalten soll. Der Beamte, der hinter dem Schalter sitzt, kann die Apparatur bedienen und zwar dergestalt, daß er einen Schalter bedient, mit dem gleichzeitig zwei Röhren (da ja die Bestrahlung von beiden Seiten erfolgen muß) in Tätigkeit gesetzt werden. In einer Anlage mit zwei Röhren könnten also demgemäß pro Tag etwa 150 bis 200 Personen sterilisiert werden, mit 20 Anlagen also bereits 3 000 bis 4 000 pro Tag. Eine höhere Anzahl von täglichen Verschickungen kommt meiner Schätzung nach sowieso nicht in Frage.«[12]

»... Bei etwa 10 Millionen europäischer Juden sind nach meinem Gefühl mindestens zwei bis drei Millionen sehr gut arbeitsfähige Männer und Frauen enthalten. Ich stehe in Anbetracht der außerordentlichen Schwierigkeiten, die uns die Arbeiterfrage bereitet, auf dem Standpunkt, diese zwei bis drei Millionen auf jeden Fall herauszuziehen und zu erhalten. Allerdings geht das nur, wenn man sie gleichzeitig fortpflanzungsunfähig macht ... Eine Sterilisation, wie sie normalerweise bei Erbkranken durchgeführt wird, kommt in diesem Fall nicht in Frage, da sie zu zeitraubend und kostspielig ist.

Eine Röntgenkastration jedoch ist nicht nur relativ billig, sondern läßt sich bei vielen Tausenden in kürzester Zeit durchführen. Ich glaube, daß es auch im Augenblick schon unerheblich geworden ist, ob die Betroffenen dann nach einigen Wochen bzw. Monaten an den Auswirkungen merken, daß sie kastriert sind.«[13]

Auch im Konzentrationslager Neuengamme bei Hamburg wurden Kinder mit medizinischen Versuchen gefoltert. Am 29.11.1944 kamen in Neugamme 20 Kinder aus Birkenau an, die von Dr. Heißmeyer angefordert worden waren, um an ihnen Experimente mit lebenden und ansteckungsfähigen Tuberkulosebazillen durchzuführen.

Nach einigen Tagen erhielten die Kinder Hauteinschnitte, in die Tuberkulosekulturen eingerieben wurden, und bei allen begann nach zwei bis drei Tagen das Fieber. Bereits kurz vor Weihnachten waren alle Kinder schwer erkrankt.

Mitte Januar 1945 begann für die Kinder eine weitere Tortur. Heißmeyer wollte feststellen, wie die Axillardrüsen der Kinder auf Tuberkulosekulturen reagierten.

Deshalb wurden allen Kindern während einer Operation die Drüsen entfernt und von Heißmeyer in das SS-

35

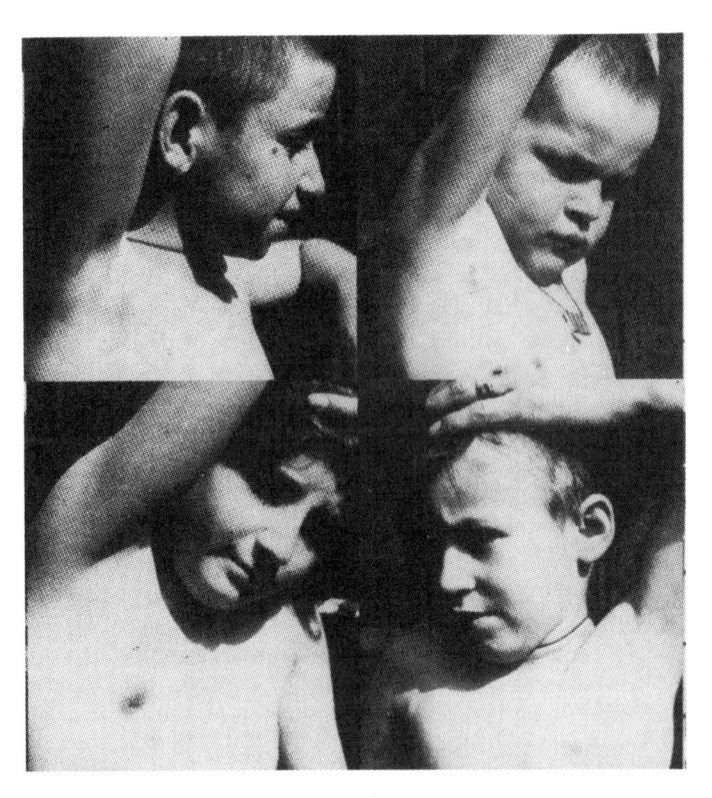

Sanatorium Hohenlynchen transportiert, wo diese untersucht werden sollten. Den Kindern ging es immer schlechter.

Am 20. April, als die Engländer bereits kurz vor Hamburg standen, kam aus Berlin der Exekutionsbefehl für die Kinder. Den Kindern erzählte man, sie würden nach Theresienstadt verlegt. In Wirklichkeit brachte man sie in eine Schule am Bullenhuser Damm, die von der SS übernommen worden war und ihre letzte Station werden sollte. Dort wurden die Kinder in einen Luftschutzraum geführt:

»Die Kinder hatten ihr ganzes Gepäck mit, darunter Lebensmittel, selbstgebasteltes Spielzeug und so weiter. Sie ließen sich auf den Bänken ringsum nieder und waren guter Dinge und freuten sich, daß sie einmal herausgekommen waren. Die Kinder waren vollkommen ahnungslos. Sie waren im Alter von fünf bis zwölf Jahren, und zwar die Hälfte Jungen, die andere Hälfte Mädchen.«

Nachdem sich die Kinder ausgezogen hatten, erhielten sie eine Injektion mit Morphium:

»Damit die Kinder glaubten, daß es sich wirklich um eine Impfung handelt, habe ich immer wieder eine neue Nadel genommen ... Die Dosierung ging darauf hinaus, die Kinder schlafend zu machen ...

Die Kinder fingen an, müde zu werden, und wir legten sie auf die Erde und deckten sie zu mit ihren Kleidern ...

Ich muß zu den Kindern allgemein sagen, sie waren in einem ganz guten Zustand, bis auf einen zwölfjährigen Jungen, der in einem sehr schlechten Zustand war. Dieser Junge schlief infolgedessen auch sehr schnell ein. Es waren noch sechs bis acht Kinder wach, die anderen schliefen schon ...

Frahm nahm den zwölfjährigen Jungen auf den Arm und sagte zu den anderen: Er wird jetzt ins Bett gebracht. Er ging mit ihm in einen Raum, der vielleicht sechs bis acht Meter von dem Aufenthaltsraum entfernt war, und dort sah ich schon eine Schlinge an einem Haken. In diese Schlinge hängte Frahm den schlafenden Jungen ein und hängte sich mit seinem ganzen Körpergewicht an den Körper des Jungen, damit die Schlinge sich zuzog ...«[14]

Alle Kinder wurden in der Nacht vom 20. auf den 21. April auf diese Art und Weise ermordet.

Gas

Jehuda Bacon, ein Maler aus Jerusalem, kam als Dreizehnjähriger nach Theresienstadt, mit 14 Jahren nach Auschwitz. Er berichtete am 30.10.1964 im Frankfurter Auschwitz-Prozeß:

»Ich geriet in ein sogenanntes »Rollwagenkommando«. Das war ein Wagen, der statt von Pferden von zwanzig Jugendlichen gezogen wurde. Auf diese Weise kam ich überall im Lager herum. Ich wußte genau, was in Auschwitz geschah. Sogar ins Frauenlager gelangten wir und öfter auch ins Krematorium. Unsere Arbeit bestand darin, Decken und Wäsche zu verteilen, vor allem aber mußten wir von dem Holz am Krematorium, das für die Verbrennungen dort benötigt wurde, einiges zum normalen Verbrauch ins Lager schaffen. Ich erinnere mich, daß uns der Kapo im Winter einmal sagte:

»Jungens, ihr habt schon aufgeladen. Wenn ihr euch noch ein bißchen wärmen wollt, geht in die Gaskammer. Da ist jetzt niemand drin.«

So geschah es, daß wir die Gaskammern, die Öfen, die ganze Installation besichtigen konnten, vor allem das unterirdische Krematorium. Wir waren jung damals, und alles interessierte uns. Einmal sagte ich zu einem Angehörigen des Sonderkommandos:

»Erzählen Sie es mir doch, vielleicht komme ich mal 'raus und dann werde ich über euch schreiben.«

Sie lachten nur und erklärten, daß niemand von hier lebend herauskomme. Aber sie erklärten mir trotzdem viel. Die unterirdischen Krematorien 1 und 2 waren von ganz moderner Bauart. Man ging — so erzählte mir der Angehörige des Sonderkommandos — zuerst in einen Entkleidungsraum (ich selbst war ja nie drinnen, wenn ein Transport da war. Manchmal standen wir draußen, und man sagte uns: »Jetzt könnt ihr nicht rein, jetzt sind Menschen drin.«). Die Leute mußten sich ausziehen. An den Wänden waren Haken mit Nummern angebracht. Die SS-Leute pflegten dann zu den Menschen zu sagen: »Legt die Kleider schön zusammen und merkt euch die Nummer gut, damit ihr eure Sachen nach der Desinfektion auf der anderen Seite zurückbekommt.«

Viele fragten, ob es nicht Kaffee gäbe, weil sie nach der langen Fahrt durstig waren. Dann antwortete ihnen der SS-Mann:

»Schnell, schnell, der Kaffee wird kalt. Der Kaffee wartet auf euch im Lager.«

Wenn die Leute ausgezogen waren, trieb man sie in die Gaskammern. Auf den ersten Blick konnte man die Gaskammer für einen richtigen Duschraum halten. Ich war aber sehr neugierig und schaute mir das näher an. Da entdeckte ich, daß bei dem Apparat, aus dem bei einer Dusche das Wasser fließt, die Löcher nur angedeutet waren. Darunter befanden sich Öffnungen für Ventilatoren. Die Lampen an der Decke waren mit einem Drahtschirm versehen. Von der Mitte der Decke bis auf den Boden waren zwei Käfigen ähnliche Gitter angebracht von 40 Zentimeter im Quadrat.

Wenn alles fertig war, öffnete ein SS-Mann vom Dach der Gaskammer aus eine Luke und schüttete das Zyklon B in diese Käfige hinein.

Nach einiger Zeit, wenn alle tot waren, trat eine automatische Ventilation in Tätigkeit. Und später kamen die Sonderkommandos, nahmen die Toten heraus und warfen sie in einen Aufzug, der sie in den ersten Stock beförderte. Von dort wurden die Toten mit Waggons auf Gleisen in die Öfen gefahren, wo sie verbrannt wurden. Vorher brach ein besonderes Kommando den Toten noch die Goldzähne heraus. Manchmal wurden ihnen auch noch die Haare abrasiert, wenn das nicht schon vorher geschehen war. Es gab verschiedene derartige Kommandos zur »Verarbeitung der Toten«, zum Beispiel zum Zerstoßen der Knochen. Bevor man die Asche in den

MINSKA
geb. 3.V.1932.
Dr. Kurt
BERTA
WACHSMANN
HAHN Irene.
geb. 1929.
Peter
2966

Fluß warf, mußten die Knochen ganz zerstoßen sein. Die Angehörigen der Sonderkommandos sagten mir, daß das Krematorium in vierundzwanzig Stunden ungefähr 20 000 Menschen zu Asche machen könne.

Im Mai/Juni 1944, als die Transporte aus Ungarn eintrafen, reichte die Kapazität der Krematorien nicht aus. So mußten zum Verbrennen der Menschen Gruben ausgehoben werden. Oft schlugen die Flammen so hoch, drei bis vier Meter hoch, daß sich die Eisenstangen ringsum von der Hitze verbogen. ... Wir Kinder schauten immer zu den Krematorien hinüber und machte unsere Witze: Jetzt sind die Rauchwolken weiß, jetzt verbrennt man sicher Papier oder fette Menschen oder ähnliches ---«[15]

Übersicht über die jüdischen Verluste durch die Vernichtungsaktion

Land (in Vorkriegsgrenzen)	jüd. Bevölk. Sept. 1939	jüd. Verluste	Prozentsatz der jüd. Verluste
Polen	3 300 000	2 800 000	85,0
UdSSR, besetzte Gebiete	2 100 000	1 500 000	71,4
Rumänien	850 000	425 000	50,0
Ungarn	404 000	200 000	49,5
Tschechoslowakei	315 000	260 000	82,5
Frankreich	300 000	90 000	30,0
Deutschland	210 000	170 000	81,0
Litauen	150 000	135 000	90,0
Holland	150 000	90 000	60,0
Lettland	95 000	85 000	89,5
Belgien	90 000	40 000	44,4
Griechenland	75 000	60 000	80,0
Jugoslawien	75 000	55 000	73,3
Österreich	60 000	40 000	66,6
Italien	57 000	15 000	26,3
Bulgarien	50 000	7 000	14,0
Dänemark, Estland, Luxemburg, Norwegen, Danzig	20 000	6 000	30,0

In den Konzentrationslagern wurden ungefähr 1 200 000 jüdische Kinder umgebracht.[16] Hinzu kommen noch tausende Kinder anderer Volksgruppen, z.B. der Zigeuner, die ebenfalls den Vernichtungsaktionen zum Opfer fielen.

Nur wenige Kinder überlebten den Holocaust. Ob sie die Erfahrungen des Grauens verarbeiten konnten und neuen Lebensmut fanden, bleibt mehr als fraglich.

Nach der Befreiung verlassen die überlebenden Kinder das KZ Buchenwald

Im Rahmen dieses Materialbandes konnten nur die wesentlichsten Aspekte der Problematik dargestellt werden. Für eine intensivere Beschäftigung verweisen wir auf die Literaturliste.

Literaturhinweise

Kap. 1
1 »Der Giftpilz«, Internationaler Militärgerichtshof Nürnberg 1948, Doc. 1778 PS, nach H. Mausbach/B. Bromberger, Feinde des Lebens, Frankfurt 1979
2 R. Finck, Mit uns zieht die neue Zeit, Baden-Baden 1979, S. 76 f.
3 G. Platner (Hrsg.), Schule im Dritten Reich, Erziehung zum Tod?, München 1983, S. 198 ff.
4 H. Focke/U. Reimer, Alltag unterm Hakenkreuz, Reinbek 1979, S. 89
5 K.H. Janssen, Eine Welt brach zusammen, in: Glaser/Silenius (Hrsg.), Jugend im Dritten Reich, Frankfurt 1975, S. 88 ff.
6 K. Halbritter, Adolf Hitlers Mein Kampf, München 1979

Kap. 2
1 A. Mitscherlich/Mielke, Medizin ohne Menschlichkeit, Frankfurt 1978, S. 193
2 ebenda, S. 184. Bouhler war »Chef der Kanzlei des Führers«, Dr. Brandt war »Leibarzt« Hitlers.
3 Nach F.K. Kaul, Die Psychiatrie im Strudel der »Euthanasie«, Frankfurt 1979, S. 36
4 ebenda, S. 38
5 F. Stöffler, Die Euthanasie und die Haltung der Bischöfe im hess. Raum 40—45. Archiv für mittelalterliche Kirchengeschichte, Bd. 13, 1961, S. 312, nach Mausbach/Bromberger, a.a.O., S. 75
6 Int. Militärgerichtshof Nürnberg 1948, Doc. 615-Ps., nach Mausbach/Bromberger, a.a.O., S. 85

Kap. 3
1 zitiert nach: Hillel, Marc; Henry, Clarissa; Lebensborn e.V. — Im Namen der Rasse, Wien/Hamburg 1975, S. 221
2 Protokoll der Vernehmung der Stanislawa Marczuk vom 5.6.1946 durch einen Untersuchungsrichter des III. Bezirksgerichtes Lódź, Akten-Nr. S. 6/46; zitiert nach: Hrabar, Roman; Tokarz, Zofia; Wilczur, Jacek E.; Kriegsschicksale polnischer Kinder, Warszawa 1981, S. 117
3 Protokoll der Vernehmung des Jan Sulisz vom 14.5.1946 durch einen Untersuchungsrichter des III. Bezirksgerichtes Lódź, Akten-Nr. 6/46; zitiert nach: Hrabar, R.; Tokarz, Z.; Wilczur, J.; a.a.O., S. 117
4 Archiv der Hauptkommission, ATW Prozeß Nr. VIII, Bd. 51, S. 361 f.; zitiert nach: Hrabar, R.; Tokarz, Z.; Wilczur, J.; a.a.O., S. 142

Kap. 4
1 zitiert nach: Hillel, M.; Henry, C.; a.a.O., S. 222 ff.
2 zitiert nach: Verbrechen an polnischen Kindern 1939 — 1945, Eine Dokumentation, herausgegeben von der Hauptkommission zur Untersuchung der Naziverbrechen im besetzten Polen, Warszawa 1973, S. 185 f.
3 ebenda
4 Wspomnienia Poloków wysiedlonych przez okupanta hitlerowskiego z ziem polskich tzw. wcielonych do Rzeszy, Einführung von C. Luczak, Poznan 1974; zitiert nach: Hrabar, R.; Tokarz, Z.; Wilczur, J.; a.a.O., S. 38
5 Archiv der Hauptkommission, M 598 (c), (344); zitiert nach: Hrabar, R.; Tokarz, Z.; Wilczur, J.; a.a.O., S. 80 f.
6 Verbrechen an polnischen Kindern, a.a.O., o.S.
7 zitiert nach: Verbrechen an polnischen Kindern, a.a.O., o.S.
8 zitiert nach: Hillel, M.; Henry, C.; a.a.O. S. 258

Kap. 5
1 M. Hillel/C. Henry, a.a.O., S. 291 f.
2 Mausbach/Bromberger, a.a.O., S. 141 f.
3 vgl. Kiryl Sosnowski, The tragedy of children under Nazi rule, New York 1983, S. 359—362, wo eine Liste aller Kinder von Lidice aufgeführt und ihr Schicksal beschrieben ist.
4 Kiryl Sosnowski, S. 330 ff. (aus dem Englischen übersetzt von R. Koch)

Kap. 6
1 Das Tagebuch des David Rubinowicz, Frankfurt/Main 1960

Kap. 7
1 zitiert nach: Frauen-KZ Ravensbrück, Autorenkollektiv, Frankfurt/Main 1982, S. 45
2 in Eisenberg, Azriel, The lost generation, Children in the Holocaust, New York 1982, S. 133—138 (aus dem Englischen übersetzt R. Koch)
3 nach: Hrabar u.a., a.a.O., S. 68
4 ... I never saw another butterfly ..., Children's Drawings and Poems from Terezin Concentration Camp 1942—1944, New York 1978, S. 14
5 Frauen-KZ Ravensbrück, a.a.O., S. 49 ff.
6 Inge Deutschkron, ...denn ihrer war die Hölle, Köln 1965, S. 91—93
7 Deutschkron, a.a.O., S. 74—76
8 Amnon Neustadt, in: taz vom 13.2.85, Eine Wand mit Menschenaugen
9 Dietrich Strothmann, in: Die Zeit, Nr. 8 vom 15.2.85, Der Mörder mit dem Lächeln
10 Deutschkron, a.a.O., S. 74—76
11 zitiert nach Mausbach/Bromberger, a.a.O., S. 255
12 Doc. No. 203, Nürnberger Prozeß, zitiert in Mitscherlich/Mielke, a.a.O., S. 242
13 Doc. No. 205, Nürnberger Prozeß, zitiert in Mitscherlich/Mielke, a.a.O., S. 242
14 Aussagen des Standortarztes Dr. Alfred Trzebinski vor dem britischen Militärgericht, zitiert nach: Günter Schwarberg, Der SS-Arzt und die Kinder, Hamburg 1979, S. 57 ff.
15 Deutschkron, a.a.O., S. 63—65
16 vgl. Kiryl Sosnowski, a.a.O., S. 72

Die Zeichnungen wurden von Kindern im Konzentrationslager oder kurz nach der Befreiung angefertigt.

Die Bilder wurden entnommen aus:
Dokumente der Nürnberger Prozesse
Faschismus, Berlin 1979
Hillel, M./Henry, C. a.a.O.
Spuren des Faschismus in Frankfurt, Hess. Institut für Lehrerfortbildung, Frankfurt/Main 1984
Mausbach/Bromberger, a.a.O.
Bundesarchiv Koblenz
Hrabar, Roman, a.a.O.
Deutsche Presse Agentur
Stanić, Dorothea (Hrsg.), Kinder im KZ, Berlin 1982
Deutschkron, Inge, a.a.O.
Schwarberg, Günther, a.a.O.
... I never saw another butterfly ..., a.a.O.